HOLLANDA FIRININIZ İÇİN EN İYİ YEMEK KİTABI

HOLLANDA FIRINDA YAPABİLECEĞİNİZ 100 KOLAY YEMEK8 VEYA DAHA AZ MALZEME ILE

Nisanur Utku

İÇİNDEKİLER

ÇORBALAR, YEMEKLER VE KIRMIZI........................130

GİRİİŞ

Ev aşçıları, Hollandalı fırının orijinal yavaş pişirici ve mutfaktaki en çok yönlü tencere olduğunu bilir! Tuzlu yemeklerden tatlı tatlılara, çorbalardan güveçlere veya mükemmel rostoya, Hollanda fırını, tek kap yemek için vazgeçilmez mutfağınızdır. Yazarlar, en çok satan Dökme Demir Tava Yemek Kitabı'nın bu arkadaşında, tüm durumlar için hazırlaması kolay tarifler için 100'den fazla tarif ve ayrıca Hollanda fırınınızı nasıl seçeceğiniz ve bakımını yapacağınız hakkında eksiksiz bilgi sunuyor. Bu yeni baskı, kitap boyunca tam renkli fotoğraflar ve tek kapta leziz yemekler için çeşitli lezzetli tarifler içeriyor.

Klasik ve yaratıcı tariflerle Hollanda fırınınızdan en iyi şekilde yararlanın

Ekstra tencereleri unutun ve tek bir Hollanda fırınıyla yapabileceğiniz tüm farklı yemekleri keşfedin. Bu kapsamlı kılavuz, önemli temizlik ipuçlarından tonlarca ağız sulandıran tarife kadar tüm temel bilgileri kapsar.

Hollandalı fırınınızı aşağıdakilerle en üst düzeye çıkarın:

- 100 lezzetli tarif—Hafta içi basit akşam yemekleri, hızlı ekmekler ve tatlılardan oluşan çok yönlü bir koleksiyonu keşfedin.
- Kapsamlı rehber—Hollandalı fırınınızı satın almanın, onunla yemek pişirmenin ve temizlemenin ayrıntılarını öğrenin, böylece yıllarca keyfini çıkarabilirsiniz.
- Basit malzemeler—Bulması kolay malzemelerle kolay Hollanda usulü fırın tariflerinin tadını çıkarın.

.

KAHVALTI

Alman Gözlemesi

TOPLAM PİŞİRME SÜRESİ: 26 DAKİKA
SERVİS: 4
EKİPMAN: 12 İNÇ HOLLANDA FIRINI

İÇİNDEKİLER:
$\frac{1}{4}$ çay kaşığı tuz
7 yemek kaşığı tereyağı
Süt, 1 su bardağı
6 yumurta
1 su bardağı un

TALİMATLAR
26 dakika pişirin.

BESLENME
Kalori: 209 · Karb: 17g · Yağ: 11g · Protein: 11g

. Hollandalı Fırında Sosisli Kahvaltı

TOPLAM PİŞİRME SÜRESİ: 60 DAKİKA
SERVİS: 4
EKİPMAN: 12 İNÇ HOLLANDA FIRINI

İÇİNDEKİLER:

Tuz, 1 çay kaşığı
8 yumurta
Öğütülmüş sosis, 2 pound
9 dilim ekmek, kabuksuz, küp şeklinde doğranmış
3 bardak süt
2 su bardağı rendelenmiş çedar peyniri

TALİMATLAR

Sosisleri pişirin ve sonra süzün.
Süt, yumurta, ekmek ve tuzu birleştirin.
Yumurtalı karışıma sucuk ve kaşar peynirini ekleyin.
Hollandalı fırını malzemelerle doldurun, ardından altta 8 ve
üstte 16 kömürle 60 dakika pişirin.

BESLENME

Kalori: 109, Yağ: 8g, Doymuş Yağ: 4g, Karbonhidrat: 2g, Protein:
10g

3. Hollandalı Fırın Izgara peynir

TOPLAM PİŞİRME SÜRESİ: 20 DAKİKA
SERVİS: 2
EKİPMAN: 12 İNÇ HOLLANDA FIRINI

İÇİNDEKİLER:
4 dilim ekmek
Provolone peyniri
1 Çubuk Tereyağı

TALİMATLAR
Her bir ekmeğin üzerine tereyağı sürün ve üzerine peyniri koyun
ve kalan ekmek dilimlerini ön ısıtma kapağının üzerine tereyağlı
tarafı aşağı gelecek şekilde yerleştirin.
Ters çevirin ve kızarana kadar ızgara yapın.

BESLENME
Kalori 860, Toplam Yağ 61 gr, Doymuş yağ 34 gr,
Karbonhidratlar 44 gr, Şeker 4 gr, Lif 1 gr, Protein 32 gr

Hollandalı Fırın Fransız tostu

TOPLAM PİŞİRME SÜRESİ: 10 DAKİKA
SERVİS: 4
EKİPMAN: 12 İNÇ HOLLANDA FIRINI

İÇİNDEKİLER:
1 çay kaşığı vanilya
4 yumurta
½ su bardağı süt veya yarım buçuk ekmek
1 çay kaşığı tarçın
bitkisel yağ ve kağıt havlu

TALİMATLAR
Hollandalı fırın kapağını kömürlerin üzerine ters çevirin.
Kapağın üzerine bitkisel yağ sürün.
Bir mikser veya çatalla, tüm malzemeleri iyice birleşene kadar birleştirin.
Ekmeği karışımla yayın.
Hollandalı bir fırın kapağında her iki tarafı da 4 dakika veya altın rengi kahverengi olana kadar pişirin.

BESLENME
Kalori: 279Şeker: 17gSodyum: 231mgYağ: 8gKarbohidratlar: 36gLif: 3gProtein: 16g

. Hollandalı Fırın Krepleri

TOPLAM PİŞİRME SÜRESİ: 20 DAKİKA
SERVİS: 12-16 PANKEK
EKİPMAN: 12 İNÇ HOLLANDA FIRINI

İÇİNDEKİLER:

3 çay kaşığı kabartma tozu
2 bardak un
2 bardak süt
Eritilmiş tereyağı, iki yemek kaşığı
Tuz, 1 çay kaşığı
Sebze yağı
1 yumurta

TALİMATLAR

Tuz, kabartma tozu ve unu karıştırın.
Yumurta ve sütü karıştırın.
İki karışımı eritilmiş tereyağı ile karıştırın.
Kömürlerin üzerine yağlanmış bir Hollandalı fırın kapağını ters çevirin.
Hamuru kalburun ortasına dökün.
Köpürene ve üstü kızarana kadar pişirin.
Çevirdikten sonra diğer tarafı da kahverengileştirin.

BESLENME

350 kalori; protein 10 gr; karbonhidratlar 36g; lif 3g; yağ 18g; doymuş yağ 10g

5. Hollandalı Fırın Pide Cepleri

TOPLAM PİŞİRME SÜRESİ: 10 DAKİKA
SERVİS: 4
EKİPMAN: 12 İNÇ HOLLANDA FIRINI

İÇİNDEKİLER

1 soğan, doğranmış
1 diş sarımsak
1 pound sosis
Pide ekmek
12 çırpılmış yumurta
1 dolmalık biber, doğranmış
1 kavanoz sos

TALİMATLAR

Hollandalı fırını hazırlayın.
Sosisleri soğan, sarımsak ve biberle soteleyin.
Yumurtaları çırpın.
Pişen karışımdan pide ceplerine paylaştırın.

BESLENME

Kalori: 380, Yağ 15,4 gr, Doymuş Yağ 5,9 gr, Sodyum 756,6 mg, Karbonhidrat 38,8 gr, Diyet Lifi 4,6 gr, Şekerler 3,2 gr, Protein 23,4 gr

Dutch Fırın Kır kahvaltısı

TOPLAM PİŞİRME SÜRESİ: 10 DAKİKA
SERVİS: 4
EKİPMAN: 12 İNÇ HOLLANDA FIRINI

İÇİNDEKİLER
1 kiloluk toplu domuz sosisi, ufalanmış
12 yumurta
1 kutu hash kahverengi patates
1 su bardağı rendelenmiş kaşar peyniri

TALİMATLAR
Domuz sosisini Hollanda fırınına koyun.
Sosisleri bitene kadar suyla kaplayarak kaynatın.
Hash patatesleri ekleyin ve kaynatın.
Sosis ve patates karışımını patatesler kızarana kadar kızartın.
Kaşık kullanarak patateslerin üzerine çok sayıda girinti yapın ve her girintiye 2 yumurta kırın.
Beyazlar tamamen piştiğinde, üstüne peynir serpin ve Hollanda fırınının üstünü peynirin erimesi için yeterince uzun süre kaynama noktasına getirin.

BESLENME
Kalori: 109, Yağ: 8g, Doymuş Yağ: 4g, Karbonhidrat: 2g, Protein: 10g

. Hollandalı Fırın Sosis güveç

TOPLAM PİŞİRME SÜRESİ: 10 DAKİKA
SERVİS: 4
EKİPMAN: 12 İNÇ HOLLANDA FIRINI

İÇİNDEKİLER
2 kilo sosis
Tuz, 1 çay kaşığı
2 yumurta
15 ons çedar peyniri, rendelenmiş
8 dilim ekmek
1 çay kaşığı kuru hardal
4 bardak süt

TALİMATLAR
Ağır hizmet tipi folyo kullanarak, bir Hollanda fırınını kaplayın ve folyoyu tereyağı kullanarak yağlayın.
Fırında, ekmeği kırın.
Ekmeğin üzerine pişmiş sosis etini ufalayın, ardından peynir serpin.
Yumurta, süt, hardal ve tuzu çırpın.
Fırına ekmek, sucuk ve peyniri dizin ve üzerine yumurtalı karışımı dökün.
Arada bir kontrol ederek 38 dakika pişirin.

BESLENME
Kalori 254, Yağ 19,0 gr, Doymuş Yağ 6 gr, Sodyum 644,4 mg, Karbonhidrat 10,5 gr, Lif 0,5 gr, Şekerler 0,6 gr, Protein 11,1 gr

9. Dağ Adamı Kahvaltısı

TOPLAM PİŞİRME SÜRESİ: 20 DAKİKA
SERVİS: 6
EKİPMAN: 12 İNÇ HOLLANDA FIRINI

İÇİNDEKİLER
1 soğan, dilimlenmiş
1 bardak domuz pastırması, dilimlenmiş
kahverengi patates, 5 su bardağı
1 su bardağı çedar peyniri, rendelenmiş
12 yumurta
1 kavanoz sos

TALİMATLAR
Pastırmayı ve soğanı kahverengileştirin. Hash browns ekleyin.
14 dakika veya yumurtalar donmaya başlayana kadar pişirin.
Yumurtalar pişip peynir eriyince yumurtalı karışımın üzerine
peynir serpin, tencerenin kapağını kapatın ve birkaç dakika daha
ısıtmaya devam edin.

BESLENME
Kalori 254, Yağ 19,0 gr, Doymuş Yağ 6 gr, Sodyum 644,4 mg,
Karbonhidrat 10,5 gr, Lif 0,5 gr, Şekerler 0,6 gr, Protein 11,1 gr

Hollandalı Fırın Kabuksuz Kiş

TOPLAM PİŞİRME SÜRESİ: 40 DAKİKA
SERVİS: 4
EKİPMAN: 12 İNÇ HOLLANDA FIRINI

İÇİNDEKİLER

1/2 bardak tereyağı
1/2 su bardağı un
2 bardak süzme peynir
10 yumurta
1 çay kaşığı kabartma tozu
Süt, 1 su bardağı
Krem peynir, 1/2 su bardağı
Tuz, 1 çay kaşığı
Monterey Jack peyniri, 1 pound
1 çay kaşığı şeker

TALİMATLAR

Tereyağını eritin ve unu ekleyin; birkaç dakika kaynatın.
Yumurta, süt, peynir, kabartma tozu, tuz ve şekeri karıştırın.
350 derecede 40 dakika pişirin.

BESLENME

Kalori: 177.6kcal, Karbonhidrat: 7.7g, Protein: 10.9g, Yağ: 11.5g,
Doymuş Yağ: 5.1g, Sodyum: 315.7mg, Lif: 0.6g, Şeker: 2.2g

1.   kahvaltılık poğaçalar

TOPLAM PİŞİRME SÜRESİ: 40 DAKİKA
SERVİS: 6 DÜZİNE
EKİPMAN: 12 İNÇ HOLLANDA FIRINI

İÇİNDEKİLER
4 yumurta
1 litre ayran
5 su bardağı un
2 su bardağı şeker
6 bardak kuru üzüm kepeği
6 çay kaşığı kabartma tozu
Yumuşatılmış tereyağı, 1 su bardağı
2 su bardağı kaynar su

TALİMATLAR
Su ve kabartma tozu karıştırın.
Tereyağı, yumurta ve şekeri çırpın ve ardından ayran ve unu ekleyin.
Su karışımını ekleyin ve karıştırın.
Kuru üzüm kepeği ekleyin.
30 dakika pişirin.

BESLENME
Kalori 182, Yağ 11 gr, Doymuş yağ 4,1 gr, Sodyum 1.322 mg, Karbonhidrat 2,2 gr, Diyet lifi 0 gr, Protein 19 gr

12. yaban mersinli kekler

TOPLAM PİŞİRME SÜRESİ: 15 DAKİKA
SERVİS: 4
EKİPMAN: 12 İNÇ HOLLANDA FIRINI

İÇİNDEKİLER

2 bardak un
2 çırpılmış yumurta
1 su bardağı şeker
Süt, 1 su bardağı
1 su bardağı eritilmiş tereyağı
1 çay kaşığı hindistan cevizi
1 yemek kaşığı kabartma tozu
1 su bardağı yaban mersini
Tuz, 1 çay kaşığı
1 su bardağı badem, dilimlenmiş
1 kaşık şeker

TALİMATLAR

Kuru malzemeleri karıştırın.
Süt, tereyağı ve yumurtaları karıştırın.
İki karışımı karıştırın ve yaban mersini ekleyin.
Muffin kalıplarına aktarın.
1 yemek kaşığı şeker ve badem serpin.
400 derecede 14 dakika pişirin.

BESLENME

Kalori: 108kcal, Karbonhidrat: 14.4g, Protein: 6.3g, Yağ: 2.8g, Doymuş Yağ: 1.9g, Kolesterol: 23mg, Sodyum: 108mg, Lif: 0.6g, Şeker: 7g

3.　　　Hollandalı Fırında Tarçınlı Donutlar

TOPLAM PİŞİRME SÜRESİ: 10 DAKİKA
SERVİS: 4
EKİPMAN: 12 İNÇ HOLLANDA FIRINI

İÇİNDEKİLER

Birkaç tüp buzdolabı kurabiyesi
Şeker ve tarçın karışımı
Yemek yagı

TALİMATLAR

Hollandalı fırında, yemeklik yağı ısıtın.
Başparmağınızla halka oluşturarak kurabiyeleri hazır hale getirin.
Onları ısıtılmış yağa dökün.
Yağdan çıkardıktan sonra üzerlerini tarçın-şeker karışımı ile kaplayın.

BESLENME

Kalori: 146kcal | Karbonhidratlar: 26g | Protein: 5g | Yağ: 9g | Doymuş Yağ: 1g | Sodyum: 223mg | Elyaf: 6g | şeker: 2g

4. Hollandalı Fırın Cevizli ve Karamelli Rulolar

TOPLAM PİŞİRME SÜRESİ: 10 DAKİKA
SERVİS: 4
EKİPMAN: 12 İNÇ HOLLANDA FIRINI

İÇİNDEKİLER
Esmer şeker, 1/2 su bardağı
1 yemek kaşığı kuru üzüm
1 tüp buzdolabı kurabiyesi, qkavgalı
1 su bardağı kıyılmış ceviz
1 çubuk tereyağı
Tutam tarçın
1 yemek kaşığı su

TALİMATLAR
Karamel için tereyağı, şeker, tarçın ve suyu eritin.
Ceviz ve kuru üzümleri karıştırın ve karamel karışımını ekleyin; eşit olarak dağılıncaya kadar karıştırın.
Kurabiyeleri altın rengi olana kadar pişirin.

BESLENME
378 Kalori, 18 gr Yağ, 6 gr Protein, 50 gr Karbonhidrat

Hollandalı Fırın Avustralya Et ve Sebzeleri

TOPLAM PİŞİRME SÜRESİ: 10 DAKİKA
SERVİS: 4
EKİPMAN: 12 İNÇ HOLLANDA FIRINI

DOLGU:
2 yemek kaşığı yağ
1 su bardağı soğuk pişmiş et, doğranmış
1 su bardağı Karışık sebze, doğranmış
HAMUR:
Süt, 1 su bardağı
2 su bardağı Kendiliğinden kabaran un
Bir tutam tuz
1 yumurta

TALİMATLAR
Un, tuz ve yumurtayı bir kaseye koyun ve iyice karıştırmadan önce sütü azar azar ekleyerek bir hamur elde edin.
Pişmiş et ve sebzeleri çırpın.
Karışım, bir Hollanda fırını kullanılarak ısıtılmış yağa dökülmelidir.
Kenarlar ayarlandıktan hemen sonra ters çevirin.

BESLENME
Kalori 860, Toplam Yağ 61 gr, Doymuş yağ 34 gr, Karbonhidratlar 44 gr, Şeker 4 gr, Lif 1 gr, Protein 32 gr

6.   **Hollandalı fırın kiş**

TOPLAM PİŞİRME SÜRESİ: 40 DAKİKA
SERVİS: 12
EKİPMAN: 12 İNÇ HOLLANDA FIRINI

İÇİNDEKİLER

1 su bardağı mantar, dilimlenmiş
1 pound domuz pastırması veya sosis, doğranmış
3 su bardağı tam yağlı süt
1 su bardağı soğan, doğranmış
2 su bardağı rendelenmiş peynir
1 çay kaşığı biber
1 su bardağı yeşil dolmalık biber, doğranmış
6 yumurta
2 su bardağı bisküvi
Tuz, 1 çay kaşığı

TALİMATLAR

Pastırmayı kızartın.
Mantar, soğan ve yeşil biberi soteleyin; üzerine biraz peynir rendeleyin.
Bisquick, süt, yumurta, tuz ve karabiberi karıştırıp üzerine dökün.
Altın olana kadar 32 dakika pişirin.

BESLENME

Kalori: 939kcal, Doymuş Yağ: 27g, Yağ: 67g, Protein: 49g, Karbonhidratlar: 36g, Şeker: 10g, Lif: 3g, Kolesterol: 304mg

7.   Hollandalı Fırın Cheddar Dağ Adamı

TOPLAM PİŞİRME SÜRESİ: 10 DAKİKA
SERVİS: 12
EKİPMAN: 12 İNÇ HOLLANDA FIRINI

İÇİNDEKİLER

Tuz ve karabiber serpin
2 kilo hash kahverengi patates, rendelenmiş
Pastırma, 1 pound
1 paket yumuşak sosis
6 yumurta
1/2 su bardağı süt
1 su bardağı çedar peyniri, rendelenmiş

TALİMATLAR

Pastırmayı ve sosisi Hollandalı bir fırın kullanarak pişirin.
Hash browns ekleyin.
Süt, yumurta, tuz ve karabiber ekleyin ve yarı sertleşene kadar pişirin.
Üzerine peynir serperek pişirin.

BESLENME

Kalori 254, Yağ 19,0 gr, Doymuş Yağ 6 gr, Sodyum 644,4 mg, Karbonhidrat 10,5 gr, Lif 0,5 gr, Şekerler 0,6 gr, Protein 11,1 gr

18. Hollandalı Fırın Kahvaltılık Güveç

TOPLAM PİŞİRME SÜRESİ: 40 DAKİKA
SERVİS: 8-10
EKİPMAN: 12 İNÇ HOLLANDA FIRINI

İÇİNDEKİLER
4 bardak sosis
15 ons çedar peyniri, rendelenmiş
Tuz, 1 çay kaşığı
12 yumurta
8 dilim ekmek
1 litre süt
1½ çay kaşığı kuru hardal

TALİMATLAR
Fırında, ekmeği kırın.
Ekmeğin üzerine pişmiş sosis etini ufalayın, ardından peynir serpin.
Fırında ekmeği, sosisi ve peyniri düzenleyin.
Yumurta, süt, kuru hardal ve tuzu karıştırın.
Örtün ve 40 dakika pişirin.

BESLENME
Kalori 254, Yağ 19,0 gr, Doymuş Yağ 6 gr, Sodyum 644,4 mg, Karbonhidrat 10,5 gr, Lif 0,5 gr, Şekerler 0,6 gr, Protein 11,1 gr

9.   **Pide Cep Kahvaltı**

TOPLAM PİŞİRME SÜRESİ: 20 DAKİKA
SERVİS: 6
EKİPMAN: 12 İNÇ HOLLANDA FIRINI

İÇİNDEKİLER

2 bardak sosis
2 yemek kaşığı zeytinyağı
Pide ekmek
1 dolmalık biber, doğranmış
1 kavanoz sos
1 diş sarımsak, kıyılmış
1 soğan, doğranmış
12 çırpılmış yumurta

TALİMATLAR

Sosisleri kızartın ve ardından soğan, sarımsak ve biberle
soteleyin. Yumurta ekleyin.
Sos ile birlikte pide ceplerine aktarın.

BESLENME

Kalori: 380, Yağ 15,4 gr, Doymuş Yağ 5,9 gr, Sodyum 756,6 mg,
Karbonhidrat 38,8 gr, Lif 4,6 gr, Şekerler 3,2 gr, Protein 23,4
gr

0. Hollandalı Fırın Hash Brown Kiş

TOPLAM PİŞİRME SÜRESİ: 1 SAAT
EKİPMAN: 12 İNÇ HOLLANDA FIRINI
SERVİS: 6

İÇİNDEKİLER
Süt, 1 su bardağı
1 bardak sıcak peynir, rendelenmiş
3 yumurta
1 çay kaşığı terbiyeli tuz
2 su bardağı İsviçre peyniri, rendelenmiş
tutam biber
1 su bardağı tereyağı, eritilmiş
2 su bardağı pişmiş jambon, doğranmış
36 ons Patates, pişmiş ve ezilmiş

TALİMATLAR
Hollandalı Fırın Yağlanmalıdır.
Patatesleri Pişirmeden Önce Kabuğun Üzerine Eritilmiş
Tereyağını Sürerek Sağlam Bir Kabuk Oluşturun.
Kabı Yüksek (425°f) sıcaklıkta yaklaşık 25 Dakika Pişirin.
Peynir ve Jambon ile doldurun.
Çırpılmış Yumurtaları, Sütü ve Baharatları Jambon ve Peynirin
Üzerine Dökün.
Sertleşene kadar yaklaşık 35 Dakika pişirin.

BESLENME
338 kalori; protein 14.4g; karbonhidratlar 15.9g; yağ 28.9g;
kolesterol 127.5mg; sodyum 793mg.

21.   Büyük Omlet Denver

TOPLAM PİŞİRME SÜRESİ: 20 DAKİKA
SERVİS: 6
EKİPMAN: 12 İNÇ HOLLANDA FIRINI

İÇİNDEKİLER
20 yumurta, çırpılmış
1 pound jambon, küp
1 pound rendelenmiş peynir
1 pound domuz pastırması, doğranmış
1 soğan, doğranmış
1 dolmalık biber doğranmış
8 oz. mantarlar

TALİMATLAR
Hollandalı fırın kabaca 400 dereceye kadar ısıtılmalıdır.
Pastırmayı kızartın ve ardından jambonun içine atın; örtün ve yaklaşık üç dakika pişirin.
Soğan, dolmalık biber ve yumurta ekleyin ve 3 dakika pişirin.
Mantarları ekleyin.
Üst ısıda yaklaşık 16 dakika pişirin.
Beş dakika sonra peynirle süsleyin.

BESLENME
488 kalori; protein 30g; karbonhidratlar 5g; yağ 40g

2. Mısır unu lapası

TOPLAM PİŞİRME SÜRESİ: 20 DAKİKA
SERVİS: 4
EKİPMAN: 12 İNÇ HOLLANDA FIRINI

İÇİNDEKİLER

1 litre kaynar su
tutam tuz
1 su bardağı mısır unu

TALİMATLAR

Mısır unu sıcak tuzlu suya ekleyin.
Sürekli karıştırarak 20 dakika pişirin.

BESLENME

Kalori: 151kcal | Karbonhidratlar: 25g | Protein: 4g | Yağ: 3g |
Doymuş Yağ: 1g | Sodyum: 262mg

3.   kızarmış mısır unu

TOPLAM PİŞİRME SÜRESİ: 20 DAKİKA
SERVİS: 4
EKİPMAN: 12 İNÇ HOLLANDA FIRINI

İÇİNDEKİLER

1 porsiyon mısır unu
Un
1 yemek kaşığı sıvı yağ

TALİMATLAR

Kalıba dökmekyulaf lapası ve sonra soğutun.
dilimleyin ve altın rengi olana kadar yağda pişirin.

BESLENME

Kalori: 150kcal | Karbonhidratlar: 25g | Protein: 4g | Yağ: 3g | Doymuş Yağ: 1g | Kolesterol: 4mg | Sodyum: 262mg | Potasyum: 166mg | Elyaf: 2g | şeker: 2g

EKMEK

24. paris kahvaltı ekmeği

TOPLAM PİŞİRME SÜRESİ: 20 DAKİKA
SERVİS: 4-6
EKİPMAN: 12 İNÇ HOLLANDA FIRINI

İÇİNDEKİLER

1 su bardağı krema
1 su bardağı tam yağlı süt
1 çay kaşığı limon kabuğu rendesi
Tutam tarçın
1 kaşık şeker
4 yumurta
1 çay kaşığı vanilya
6 dilim bayat ekmek, dilimlenmiş
üzerine serpmek için pudra şekeri
$\frac{1}{4}$ su bardağı toz şeker
Bir tutam hindistancevizi

TALİMATLAR

Yağı 375 ° F'ye ısıtın.
Yumurta, krema, süt, vanilya, limon kabuğu rendesi ve 1 çorba kaşığı şekeri çırpın ve yumurta karışımını bir Pyrex kabındaki ekmek dilimlerinin üzerine dökün.
Beş dakika sonra, diğer tarafı kaplamak için dilimleri çevirin.
Parçaları yağa koyun ve her bir tarafını birer dakika kızartın.
Çıkarın ve ekmeğin üzerine tarçın, hindistan cevizi ve pudra şekeri serpin.

BESLENME

130 kalori, 25 gr karbonhidrat, 0,5 gr yağ, 6 gr protein

25. Portekizce kızarmış ekmek

TOPLAM PİŞİRME SÜRESİ: 20 DAKİKA
SERVİS: 20
EKİPMAN: 12 İNÇ HOLLANDA FIRINI

İÇİNDEKİLER

kızartmalık yağ
3 çay kaşığı kabartma tozu
½ çay kaşığı tuz
Tarçın, 2 yemek kaşığı
2 fincan çok amaçlı un
2 yemek kaşığı şeker
bal çiselemesi
Süt, 1 su bardağı
¼ su bardağı şeker

TALİMATLAR

Şeker ve tarçın hariç her şeyi birleştirin.
20 top haline getirin ve unlanmış bir yüzeyde yuvarlayın.
Hollandalı bir fırın kullanarak, hamur parçalarını kızarana kadar
toplamda 5 dakika kızartın.
Şeker ve tarçın karışımı serpin.

BESLENME

Kalori 101, Protein 1 gr, Karbonhidrat 12 gr, Yağ 5 gr, Doymuş
yağ 1 gr, Diyet lifi 0 gr, Kolesterol 0 mg, Sodyum 233 mg

26.   Basit Hollandalı Fırın Kurabiyeleri

TOPLAM PİŞİRME SÜRESİ: 15 DAKİKA
SERVİS: 2
EKİPMAN: 12 İNÇ HOLLANDA FIRINI

İÇİNDEKİLER:
½ su bardağı su
2 su bardağı pişirme karışımı

TALİMATLAR
Kuru pişirme karışımını suyla karıştırın.
Un serpilmiş bir yüzeyde, hamuru açın ve kurabiye parçalarını kesin.
Hollandalı fırını biraz yağlayın ve ardından kurabiyeleri altta 8, üstte 18 kömür olacak şekilde 10 dakika pişirin.

BESLENME
Kalori: 172kcal, Doymuş Yağ: 5g, Yağ: 8g, Protein: 2g, Karbonhidratlar: 24g, Sodyum: 59mg, Şeker: 15g, Lif: 1g, Kolesterol: 20mg

27.   Kremalı Soda Kraker

TOPLAM PİŞİRME SÜRESİ: 25 DAKİKA
SERVİS: 4
EKİPMAN: 12 İNÇ HOLLANDA FIRINI

İÇİNDEKİLER:
1/3 su bardağı sıvı yağ
4 su bardağı kendiliğinden kabaran un
12 onsluk kremalı soda kutusu

TALİMATLAR
Tüm malzemeleri birleştirin ve iyice yoğurun; hamuru açın.
Kesim yapmak için temiz, açık bir çorba kutusu veya çerez kesici kullanın.
Yağlanmış bir Hollanda fırınına, Kurabiyeleri koyun ve 25 dakika pişirin.
Altta 10 kömür ve üstte 16 koyun.

BESLENME
Kalori: 68kcal | Karbonhidratlar: 11g | Protein: 2g | Yağ: 2g | Doymuş Yağ: 1g | Kolesterol: 4mg | Sodyum: 6mg | Potasyum: 62mg | Elyaf: 1g | şeker: 1g

28. **Hollandalı Fırın Bisquick Mısır Ekmeği**

TOPLAM PİŞİRME SÜRESİ: 30 DAKİKA
EKİPMAN: 10 İNÇ HOLLANDA FIRINI
SERVİS: 4

İÇİNDEKİLER:

2 yumurta
6 yemek kaşığı mısır unu
2 su bardağı bisküvi
1 çay kaşığı soda
2/3 su bardağı şeker
½ su bardağı sıvı yağ
Süt, 1 su bardağı
3 yemek kaşığı un

TALİMATLAR

350 derecede 30 dakika pişirmeden önce tüm malzemeler pürüzsüz olana kadar karıştırılmalıdır.

BESLENME

Kalori: 255kcal, Karbonhidrat: 34g, Protein: 7g, Yağ: 11g, Doymuş Yağ: 7g, Lif: 3g, Şeker: 3g

29.   Meksika mısır ekmeği

TOPLAM PİŞİRME SÜRESİ: 20 DAKİKA
SERVİS: 5-6
EKİPMAN: 10 İNÇ HOLLANDA FIRINI

İÇİNDEKİLER:

½ çay kaşığı tuz
2 iyi çırpılmış yumurta
½ çay kaşığı kabartma tozu
¼ bardak süt
1 su bardağı mısır unu
1,2 kilo rendelenmiş peynir
1 soğan, doğranmış
1/3 su bardağı tereyağı veya eritilmiş tereyağı
17 ons kremalı mısır konservesi
4 ons yeşil biber konservesi

TALİMATLAR

Biber ve peynir hariç her şeyi birleştirin.
Hollandalı fırına tereyağı sürün.
Hollandalı fırında mısır ekmeği karışımlarının bir kısmını katlayın.
Rendelenmiş peynirin yarısını ekledikten sonra tüm biberleri üstüne ekleyin.
Kalan peynir, kalan mısır unu karışımının üzerine serpilmelidir.
350 derecede 30 dakika pişirin.

BESLENME

Kalori: 255kcal, Karbonhidrat: 34g, Protein: 7g, Yağ: 11g,
Doymuş Yağ: 7g, Lif: 3g, Şeker: 3g

30.   Susamlı Örgü Ekmek

TOPLAM PİŞİRME/hazırlık SÜRESİ: 35 DAKİKA
SERVİS: 10-12
EKİPMAN: 12 İNÇ HOLLANDA FIRINI

İÇİNDEKİLER:

Tuz, 1 çay kaşığı
1 su bardağı sıcak süt
2 su bardağı ılık su
5 su bardağı un
3 yemek kaşığı şeker
1 yumurta akı, çırpılmış
kuru maya, ½ yemek kaşığı
2 yemek kaşığı tereyağı
1/3 su bardağı sıvı yağ
4 su bardağı un

TALİMATLAR

Süt, tavanın kenarlarında kabarcıklar çıkmaya başlayana kadar
ısıtılmalı ve ardından su, şeker ve maya eklenmelidir.
Unu, yağı ve tuzu ekleyin.
İyice karıştırın ve iyice yoğurun.
Yükselmesi ve hacminin iki katına çıkması için 1 saat verin.
Hollandalı bir şekilde örgülü bir tarzda düzenleyin ve ardından
çırpılmış yumurta akı ile fırçalayın ve susam serpin.
Yükselmeye izin ver.
350 derecede 35 dakika pişirin.

BESLENME

89 kalori, 2 gr yağ, 0 doymuş yağ, 14 gr karbonhidrat, 4 gr
protein

31.   Hollandalı Fırın maya ekmeği

TOPLAM PİŞİRME SÜRESİ: 25 DAKİKA
SERVİS: 6
EKİPMAN: 12 İNÇ HOLLANDA FIRINI

İÇİNDEKİLER:

1 paket kuru maya
Tuz, 1 çay kaşığı
1 yumurta
2 yemek kaşığı şeker
1 su bardağı ılık su
2 yemek kaşığı tereyağ veya sıvı yağ
3 su bardağı un

TALİMATLAR

Mayayı şekerli suda eritin.
Tuzla karıştırın.
Tereyağı, yumurta ve unu ekleyin.
Altta 8 dakika ve üstte 14 dakika olmak üzere 25 dakika,
kızarana kadar pişirin.

BESLENME

Kalori: 188kcal | Karbonhidratlar: 39g | Protein: 6g | Yağ: 1g |
Doymuş Yağ: 1g | Sodyum: 437mg, Elyaf: 2g | şeker: 1g

32.   Hollandalı Fırın Fransız Ruloları

TOPLAM PİŞİRME SÜRESİ: 20 DAKİKA
SERVİS: 12 RULO
EKİPMAN: 12 İNÇ HOLLANDA FIRINI

İÇİNDEKİLER:
2 yemek kaşığı tereyağı
2 çay kaşığı maya
2 bardak su
4 su bardağı un
1 kaşık şeker
1 yemek kaşığı susam
Tuz, 1 çay kaşığı

TALİMATLAR
Yarım su bardağı ılık suyu maya ve şekerle birlikte kabarana kadar eritin.

Kalan suyu bir Hollanda fırını kullanarak tuz ve tereyağı ile baharatlayın.

Un ve maya karışımını ekleyin.

Hamur temiz, hafifçe tozlanmış bir masa üzerine yerleştirilmelidir.

Yarım saat mayalanmaya bırakın.

Toplar halinde sıkıştırın.

Topları eritilmiş tereyağına batırdıktan sonra bir Hollanda fırınına yerleştirin.

Üzerine susam serpin.

İki katına çıkınca üzerini örtün ve mayalanmaya bırakın.

Pişirme sırasında, üstüne yaklaşık 15 kömür ve altına 6 kömür yerleştirin.

Çörekler altın kahverengi olduğunda, üstlerini yağlayın ve servis yapın.

BESLENME
Kalori: 171kcal | Karbonhidratlar: 33g | Protein: 5g | Yağ: 2g | Doymuş Yağ: 1g | Sodyum: 293mg | Potasyum: 47mg | Elyaf: 1g | şeker: 1g

33. **Snake River Yapışkan Çörekler**

TOPLAM PİŞİRME SÜRESİ: 20 DAKİKA
SERVİS: 12
TEÇHİZAT:10 İNÇ VE 12 İNÇ HOLLANDA FIRINI

İÇİNDEKİLER:
ALT KARIŞIM:
Süt, 1 su bardağı
1 çırpılmış yumurta
½ bardak) şeker
¼ su bardağı ılık su
Tuz, 1 çay kaşığı
1 yemek kaşığı kuru maya
¼ fincan tereyağı
3 su bardağı un
DOLGU:
½ su bardağı esmer şeker
½ su bardağı kıyılmış hurma veya kuru üzüm
1 su bardağı kıyılmış ceviz
½ su bardağı tereyağı, eritilmiş
½ su bardağı eritilmiş tereyağı
1 su bardağı esmer şeker
Tarçın, 1 yemek kaşığı
1 çay kaşığı vanilya

TALİMATLAR

Mayayı ılık suya karıştırın, çözülmesine yardımcı olacaktır.

Sütü köpürene kadar Hollandalı bir fırın kullanarak ısıtın.

Tuz, tereyağı, şeker, yumurta, un, tereyağı, esmer şeker ve vanilyayı ekleyin.

Bu karışımı Hollandalı bir fırında üstüne ceviz serperek yayın.

Hamuru yuvarladıktan sonra eritilmiş tereyağı ile fırçalayın.

Üstüne kahverengi şeker, tarçın ve hurma veya kuru üzüm ekleyin.

Uzun kenarından jöleyi rulo haline getirin.

Rulodan 12 dilim yapın.

Hollandalı fırında dilimleri düzenleyin ve yükselmelerine izin verin.

BESLENME

Kalori 101, Protein 1 gr, Karbonhidrat 12 gr, Yağ 5 gr, Doymuş yağ 1 gr, Diyet lifi 0 gr, Kolesterol 0 mg, Sodyum 233 mg

4. Ev yapımı kurabiyeler

TOPLAM PİŞİRME SÜRESİ: 10 DAKİKA
EKİPMAN: 12 İNÇ HOLLANDA FIRINI
SERVİS: 6

İÇİNDEKİLER
1 su bardağı un
2 yemek kaşığı Crisco
2 yemek kaşığı un
1/4 çay kaşığı kabartma tozu
1/2 su bardağı ayran
1 çay kaşığı kabartma tozu
Bir tutam tuz

TALİMATLAR
Crisco'yu fırının dibine koyun.
Un, tuz, kabartma tozu, Crisco, ayran ve çatalla karıştırın.
Hamuru unlu bir yüzeye yayın ve yoğurun.
Kesmek için bir bardak veya kupa kullanın.
Fırına verin ve 500 derecede 8 dakika pişirin.

BESLENME
78 Kalori, 9g Karbonhidrat, 4g Yağ, Protein 0g

35. **Jiletli mısır ekmeği**

TOPLAM PİŞİRME SÜRESİ: 25 DAKİKA
SERVİS: 10-12
EKİPMAN: 12 İNÇ HOLLANDA FIRINI

İÇİNDEKİLER

3 acı biber, konserve, kıyılmış
8 ons domuz sosisi, pişmiş ve rendelenmiş
2 su bardağı mısır unu
2 su bardağı ayran
1 soğan, doğranmış
3 çay kaşığı kabartma tozu
1 kutu mısır
tutam tuz
2 yumurta, çırpılmış
½ bardak çok amaçlı un
1 çay kaşığı kabartma tozu
½ bardak çedar peyniri, rendelenmiş

TALİMATLAR

Bütün malzemeleri karıştır.
Karışımı yağlanmış Hollanda fırınına doldurun ve 450°'de 25
dakika pişirin.

BESLENME

Kalori: 255kcal, Karbonhidrat: 34g, Protein: 7g, Yağ: 11g,
Doymuş Yağ: 7g, Lif: 3g, Şeker: 3g

6. **lezzetli mısır ekmeği**

TOPLAM PİŞİRME SÜRESİ: 40 DAKİKA
SERVİS: 6
EKİPMAN: 12 İNÇ HOLLANDA FIRINI

İÇİNDEKİLER

2 fincan çok amaçlı un
Kabartma tozu, 2 yemek kaşığı
3 yumurta
Mısır unu, 2 su bardağı
Süt, 2 su bardağı
Bir tutam tuz
Bitkisel yağ, 1 su bardağı
1 su bardağı şeker

TALİMATLAR

Tüm malzemeleri iyice karıştırın.
Hollandalı bir fırına dökün.
40 dakika pişirin.

BESLENME

Kalori: 255kcal, Karbonhidrat: 34g, Protein: 7g, Yağ: 11g,
Doymuş Yağ: 7g, Lif: 3g, Şeker: 3g

87.   Hollandalı fırın ruloları

TOPLAM PİŞİRME SÜRESİ: 30 DAKİKA
SERVİS: 12
EKİPMAN: 12 İNÇ HOLLANDA FIRINI

İÇİNDEKİLER

1/8 çay kaşığı şeker
Tereyağı, 1 yemek kaşığı
3 su bardağı un
Ilık su, 1/4 su bardağı
Tuz, 1 çay kaşığı
Süt, 1 su bardağı
1 yemek kaşığı maya
1 yemek kaşığı şeker

TALİMATLAR

Ilık su ve mayayı 1/8 çay kaşığı şekerle karıştırın.
Süt, tereyağı, tuz, kalan şeker, un ve maya karışımını karıştırın.
Düz bir yüzeye, kalan unun bir kısmını serpin ve iyice yoğurun.
Ruloları bir fırına yerleştirin ve üzerleri kahverengi olana kadar
30 dakika pişirin.

BESLENME

Kalori 101, Protein 1 gr, Karbonhidrat 12 gr, Yağ 5 gr, Doymuş
yağ 1 gr, Diyet lifi 0 gr, Kolesterol 0 mg, Sodyum 233 mg

Hollanda Fırınında Maymun Ekmeği

TOPLAM PİŞİRME SÜRESİ: 30 DAKİKA
SERVİS: 12
EKİPMAN: 12 İNÇ HOLLANDA FIRINI

İÇİNDEKİLER

2 yemek kaşığı tarçın
1 su bardağı eritilmiş tereyağı
2 kutu konserve kurabiye
1 su bardağı şeker
3 su bardağı esmer şeker

TALİMATLAR

Şeker ve tarçını birleştirin.
Kek dilimlerini hafifçe tarçın-şeker karışımı ile toz haline getirdikten sonra Hollandalı fırına koyun.
Eritilmiş tereyağı ve esmer şekeri ekleyin.
350 derecede 30 dakika pişirin.

BESLENME

Kalori 101, Protein 1 gr, Karbonhidrat 12 gr, Yağ 5 gr, Doymuş yağ 1 gr, Diyet lifi 0 gr, Kolesterol 0 mg, Sodyum 233 mg

9. **tarçınlı nakavtlar**

TOPLAM PİŞİRME SÜRESİ: 40 DAKİKA
EKİPMAN: 12 İNÇ HOLLANDA FIRINI
SERVİS: 6

İÇİNDEKİLER
4 buzdolabı kurabiye rulosu, tereyağlı
Eritilmiş tereyağı, 1/2 su bardağı
Tarçın, 1 yemek kaşığı
Esmer şeker, 1/2 su bardağı
1/2 paket karamelli puding
Şeker, 1/2 su bardağı
1 yemek kaşığı Kuru üzüm
1 yemek kaşığı fındık

TALİMATLAR
Hollandalı fırını önceden ısıtın ve yağlayın
Pudingi ve şekeri karıştırın ve ardından çörekler şeker
karışımında yuvarlayın.
Ruloları fırında düzenleyin ve üstüne tarçın, kuru üzüm ve fındık
ekleyin.
Katman yaparken alt katmanı kalan batırılmış rulolarla üst üste
getirin.
Kalan şeker karışımını muffinlerin üzerine eşit şekilde dağıtın.
Çörekler üzerinde, kalan tereyağını gezdirin.
Daha fazla tarçın ekleyin.
350 derecede 40 dakika üzerini örterek pişirin.

BESLENME
Kalori 101, Protein 1 gr, Karbonhidrat 12 gr, Yağ 5 gr, Doymuş
yağ 1 gr, Diyet lifi 0 gr, Kolesterol 0 mg, Sodyum 233 mg

0. **Hollandalı Fırın Temel Kurabiye**

TOPLAM PİŞİRME SÜRESİ: 15 DAKİKA
EKİPMAN: 12 İNÇ HOLLANDA FIRINI
SERVİS: 30 KURABİYE

İÇİNDEKİLER

6 yemek kaşığı sıvı yağ
Tuz, 1 çay kaşığı
Kabartma tozu, 6 çay kaşığı
Un, 3 su bardağı
Süt, 1 su bardağı

TALİMATLAR

Her şeyi birleştirin.
Un serpilmiş bir yüzeyde açın, kesin ve fırının tabanına yerleştirin.
Yaklaşık 15 dakika pişirin.

BESLENME

Kalori:120, Toplam Yağ: 5g, Doymuş Yağ: 3.5g, Sodyum:100mg, Karbonhidrat:16g, Diyet Lifi:0g, Toplam Şeker:9g, Protein: 2g

41. Sade Mısır Ekmeği

TOPLAM PİŞİRME SÜRESİ: 55 DAKİKA
SERVİS: 12
EKİPMAN: 12 İNÇ HOLLANDA FIRINI

İÇİNDEKİLER
1 kutu jiffy mısır ekmeği karışımı
1 kutu kremalı mısır
1 yumurta
Karışım için gerekli olan sıvının geri kalanını yapmak için süt

TALİMATLAR
Her şeyi birleştirin.
Cömertçe yağlanmış bir Hollanda fırınına dökün.
Yaklaşık 55 dakika pişirin.

BESLENME
Kalori: 255kcal, Karbonhidrat: 34g, Protein: 7g, Yağ: 11g,
Doymuş Yağ: 7g, Lif: 3g, Şeker: 3g

PİZZA

42. **Hollandalı fırında biberli pizza**

TOPLAM PİŞİRME SÜRESİ: 25 DAKİKA
SERVİS: 6
EKİPMAN: 12 İNÇ HOLLANDA FIRINI

İÇİNDEKİLER
2 paket ay böreği
Soğan tozu, 1 çay kaşığı
Pizza sosu, 1 kutu
2 pound kıyma, pişmiş
8 oz. rendelenmiş mozzarella peyniri
4 ons biber
8 oz. çedar peyniri, rendelenmiş
2 çay kaşığı kekik
Sarımsak tozu, 1 çay kaşığı

TALİMATLAR
1 paket hilal böreğini hollandalı fırının üzerine dizin.
Kabuğun üzerine biraz pizza sosu, kekik, sarımsak tozu, soğan tozu, sığır eti ve sucuk sürün.
İkinci kutudan çıkan hilal ruloları peynirleri ekledikten sonra üst kabuğu oluşturmak için kullanılmalıdır.
Yaklaşık 25 dakika pişirin.

BESLENME
380 kalori, 17 gr yağ, 6 gr doymuş yağ, 40 gr karbonhidrat ve 16 gr protein.

43. **Biberli pizza biber**

TOPLAM PİŞİRME SÜRESİ: 25 DAKİKA
EKİPMAN: 12 İNÇ HOLLANDA FIRINI
SERVİS: 6

İÇİNDEKİLER
4 diş sarımsak, kıyılmış
16 ons salsa
1 pound sıcak İtalyan sosisi
16 ons acı fasulye
1/2 çay kaşığı biber
2 kilo kıyma
1 dolmalık biber, doğranmış
16 ons barbunya fasulyesi, durulanmış ve süzülmüş
12 ons pizza sosu
3 su bardağı mozzarella peyniri, rendelenmiş
Su, 1 su bardağı
8 ons dilimlenmiş pepperoni, ikiye bölünmüş
1 soğan, doğranmış
Pul biber, 2 çay kaşığı
1/Tuz, 2 çay kaşığı

TALİMATLAR
Soğan, yeşil biber ve sarımsağı pişirin ve ardından dana eti ve sosisi atın.
Su, biber tozu, tuz, karabiber, salsa, fasulye, pizza sosu ve sucuk ekleyin.
Örtün ve ısıyı azaltın.

BESLENME
460 kalori, 28 gr yağ, 10 gr doymuş yağ, 20 gr karbonhidrat ve 33 gr protein.

44. Hollandalı bir fırında kızartılmış pizza

TOPLAM PİŞİRME SÜRESİ: 25 DAKİKA
SERVİS: 6
EKİPMAN: 12 İNÇ HOLLANDA FIRINI

İÇİNDEKİLER:
PİZZA HAMURU:
1 paket aktif kuru maya
1 çay kaşığı bitkisel yağ
ılık su, 1 su bardağı
3 su bardağı un
Tuz, 1 çay kaşığı
PİZZA SOSU
16-ons konserve domates sosu
Sarımsak, 2 diş
1 yemek kaşığı soğan, doğranmış
1 yemek kaşığı sıvı yağ
İtalyan baharatı, 1 çay kaşığı

PİZZA MALZEMELERİ:
Mantarlar
Pepperoni
zeytin
Ananas
Mozzarella peyniri

TALİMATLAR

Mayayı ılık suda eritin.

Sarımsak ve soğanı kızgın yağda soteleyin.

Malzemelerin geri kalanıyla birlikte İtalyan baharatını ve domates sosunu ekleyin.

Pizza hamurundan bir top yapın.

Çemberin ortasına peyniri ve diğer malzemeleri koyun.

Boş olan kısım katlanmalı, daha sonra kenarlar birleştirilerek kapatılmalıdır.

Önceden ısıtılmış yağ ile bir tavaya koyun ve kızarana kadar kızartın.

Daha fazla rendelenmiş peynir ve pizza sosu ile bitirin.

BESLENME

705 Kalori, 41 gr Yağ, 61 gr Karbonhidrat, 23 gr Protein

5. Hollandalı Fırın Hilal rulo pizza

TOPLAM PİŞİRME SÜRESİ: 30 DAKİKA
SERVİS: 6
EKİPMAN: 12 İNÇ HOLLANDA FIRINI

İÇİNDEKİLER
Hilal rulo, 2 paket
1 pound kıyma, pişmiş ve süzülmüş
8 ons rendelenmiş çedar peyniri
1 kavanoz pizza sosu
8 oz. rendelenmiş mozzarella peyniri

TALİMATLAR
1 adet hilal rulo paketini Hollanda fırınına yerleştirin.
Kabuğun üzerine biraz pizza sosu sürün.
Peynirleri ve pişmiş dana etini eklemeden önce ikinci çörek
paketi üst kabuğu oluşturmak için kullanılmalıdır.
30 dakika pişirin.

BESLENME
Kalori: 182, Yağ: 12 gr, Doymuş Yağ: 6 gr, Karbonhidrat: 13 gr,
Lif: 1 gr, Şeker: 4 gr, Protein: 5 gr

46.   Hollandalı Fırın Calzone

TOPLAM PİŞİRME SÜRESİ: 25 DAKİKA
SERVİS: 6
EKİPMAN: 12 İNÇ HOLLANDA FIRINI

İÇİNDEKİLER
1 yemek kaşığı şeker
1 yemek kaşığı maya
Tuz, 1 çay kaşığı
2 bardak ılık su
6 su bardağı çok amaçlı un
1/4 su bardağı zeytinyağı

TALİMATLAR
Su, maya ve şekeri birleştirin ve ardından 2 su bardağı un, tuz ve zeytinyağını hamur işlenebilir hale gelinceye kadar ekleyin.
İnce pizza dilimleri halinde düzleştirin.
Tercih ettiğiniz soslarla doldurun.
Bağlayın ve sabitleyin ve 15 dakika pişirin.

BESLENME
500 kalori; yağ 21g; doymuş yağ 9g; karbonhidratlar 42g; Protein 31g; sodyum 782mg

7.   Hollandalı Fırın Cheddarlı Pizza

TOPLAM PİŞİRME SÜRESİ: 20 DAKİKA
SERVİS: 6
EKİPMAN: 12 İNÇ HOLLANDA FIRINI

İÇİNDEKİLER
Bitkisel yağ veya yapışmaz sprey
Dilimlenmiş soğan
rendelenmiş çedar peyniri
Sarımsak tozu
Hazır Pizza Hamur Tüpü
Tuz ve karabiber serpin
rendelenmiş mozzarella peyniri
1 kutu domates sosu
sucuk dilimleri

TALİMATLAR
Yağlanmış bir Hollanda fırınının dibine pizza hamurunu yayın.
Pizza kabuğunun üzerine domates sosu sürün, ardından tuz,
karabiber ve sarımsak tozu ekleyin.
Biber ve soğanı ekleyin ve yaklaşık 20 dakika pişirin.
Son 10 dakika da üzerine mozzarella ve cheddar peyniri ile
bitirin.
BESLENME
380 kalori, 17 gr yağ, 6 gr doymuş yağ, 750 mg sodyum, 40 gr
karbonhidrat ve 16 gr protein.

48.   **Hollandalı Fırın bira pizza hamuru**

TOPLAM PİŞİRME SÜRESİ: 35 DAKİKA
SERVİS: 1 pound HAMUR
EKİPMAN: 12 İNÇ HOLLANDA FIRINI

İÇİNDEKİLER

2 çay kaşığı maya
Kosher tuzu, 2 çay kaşığı
3 su bardağı çok amaçlı un
1 yemek kaşığı zeytinyağı
12 ons bira

TALİMATLAR

Maya, un, tuz, bira ve zeytinyağını birleştirin.
Hamuru ellerinizle bir top haline getirin, ardından parşömen kağıdına koyun ve Hollanda fırınının ortasına yerleştirin.
450 derecede en az 35 dakika pişirin.

BESLENME

304 KALORİ, 1 gr YAĞ, 64 gr KARBON, 9 gr PROTEİN

MEZELER

49. Karnabahar ve Cheddar Börek

TOPLAM PİŞİRME SÜRESİ: 25 DAKİKA
SERVİS: 24
EKİPMAN: 12 İNÇ HOLLANDA FIRINI

İÇİNDEKİLER
½ çay kaşığı tuz
1 su bardağı çedar peyniri, rendelenmiş
1 yumurta
1 yemek kaşığı soğan, doğranmış
karnabahar, 2 su bardağı
Kabartma tozu, 2 çay kaşığı
Sebze yağı
Süt, 1 su bardağı
2 fincan çok amaçlı un

TALİMATLAR
Bütün malzemeleri karıştır.
Yağı 375 dereceye ısıtın.
Yağa bir yemek kaşığı dolusu hamur koyun ve börekleri her bir tarafını birer dakika veya altın rengi olana kadar kızartın.

BESLENME
Kalori 244, Yağ 13 gr, Karbonhidrat 21 gr, Lif 3 gr, Şeker 3 gr, Protein 9 gr

50.   peynir dolgulu patates börek

TOPLAM PİŞİRME SÜRESİ: 8 DAKİKA
SERVİS: 10 BÖREK
EKİPMAN: 12 İNÇ HOLLANDA FIRINI

BİLEŞEN
2 pound fırında patates, pişmiş
⅓su bardağı yumuşamış tereyağı
½ çay kaşığı biber
Bir tutam hindistancevizi
5 yumurta sarısı
2 yemek kaşığı maydanoz
Tuz, 1 çay kaşığı
2 su bardağı İtalyan ekmek kırıntısı
1 fincan çok amaçlı un
4 ons mozzarella peyniri
2 yumurta, hafifçe çırpılmış

TALİMATLAR
Yumurta sarısı da dahil olmak üzere ek malzemeleri eklemeden
önce patatesleri tereyağı ile birleştirin.
10 tane börek yapın ve oval oluşturmak için her birini bir parça
peynirle çevreleyin.
Her birini hafifçe unlayın, ardından çırpılmış yumurtaya batırın
ve İtalyan galeta ununa bulayın; buzdolabında
Yağı 350 dereceye ısıtın ve börekleri bir kez çevirerek 8 dakika
kızartın.

BESLENME
488 kalori, 34 gr yağ, 11 gr doymuş yağ, 36 gr karbonhidrat ve
12 gr protein.

51. Hint Kimyonlu Körili Patates Kızartması

TOPLAM PİŞİRME SÜRESİ: 5 DAKİKA
SERVİS: 6
EKİPMAN: 12 İNÇ HOLLANDA FIRINI

İÇİNDEKİLER
1 rus patates, şeritler halinde kesilmiş ve ıslatılmış
Kızartmak için 1 litre sıvı yağ
1/4 çay kaşığı köri tozu
1/4 çay kaşığı kimyon
tuz

TALİMATLAR
Yağı bir Hollanda fırınında 275 dereceye ısıtın ve ardından patatesleri 6 dakika kızartın, ters çevirin ve 3 dakika daha kızartın.
Sıcaklığı 350 dereceye yükseltin ve ardından patatesleri 5 dakika tekrar kızartın.
Tüm cipsleri bir kaseye koyun, üzerlerine tuz, kimyon ve köri serpin ve iyice birleştirin.

BESLENME
kalori. 8; Yağ. 0,47 gr; karbonhidratlar. 0,93 gr; Protein. 0,37 gram

52.   Köfte Burger

TOPLAM PİŞİRME SÜRESİ: 10 DAKİKA
SERVİS: 6
EKİPMAN: 12 İNÇ HOLLANDA FIRINI

İÇİNDEKİLER:

¼ fincan barbekü sosu
2 kiloluk hamburger
Worcestershire sosu, 1 yemek kaşığı
¼ su bardağı domates sosu
2 yumurta
8 kraker, ezilmiş
1 soğan, doğranmış
Tuz, 1 çay kaşığı
1 çay kaşığı biber
1 yemek kaşığı kıyılmış maydanoz
1 çay kaşığı öğütülmüş kekik

TALİMATLAR

Tüm malzemeleri birleştirin ve ardından 8 köfte oluşturun.
Köfteleri ısıtılmış kapağın üzerine yerleştirin.
4 dakika piştikten sonra çevirin ve 4 dakika daha pişirin.

BESLENME

kalori: 524kcal, karbonhidrat: 43g, Protein: 27g, Yağ: 26g,
doymuş yağ: 10g, kolesterol: 109mg, Sodyum: 1123mg, Potasyum:
560mg, Lif: 2g, Şeker: 15g

53. Hollandalı Fırın tatlı burritoları

TOPLAM PİŞİRME SÜRESİ: 25 DAKİKA
SERVİS: 6
EKİPMAN: 12 İNÇ HOLLANDA FIRINI

İÇİNDEKİLER:
1 kutu turta doldurma
12 un ekmeği
çırpılmış tepesi

TALİMATLAR
Hollandalı fırına doldurun.
Isıtılmış kapağa bir tortilla koyun, bir tarafını ısıtın, ardından ters çevirin ve diğer tarafını ısıtın.
Bir tortilla alın, üzerine turta dolgusunu yayın, burrito gibi sarın ve ardından burrito yapmak için çırpılmış krema ile doldurun.

BESLENME
Kalori: 665kcal | Karbonhidratlar: 3.6g | Protein: 39g | Yağ: 53,5 gr | Doymuş Yağ: 16.6g | Kolesterol: 161mg | Sodyum: 644mg | Potasyum: 97mg | Elyaf: 1g | Şeker: 2.1g

54. **Hollandalı Fırın taco kek**

TOPLAM PİŞİRME SÜRESİ: 25 DAKİKA
SERVİS: 6
EKİPMAN: 12 İNÇ HOLLANDA FIRINI

İÇİNDEKİLER
1 kutu yeşil biber
1/4 çay kaşığı kırmızı dolmalık biber
4 mısır ekmeği, pişmiş
1 kutu domates püresi
1/4 çay kaşığı kimyon
1 şişe taco sosu
2 kilo kıyma
1 soğan, doğranmış
8 oz. Monterey jack peyniri rendelenmiş

TALİMATLAR
Kıyma ve soğanı soteleyin.
Kırmızı dolmalık biber, kimyon, yeşil biber, domates püresi ve taco sosu ekleyin.
Hollandalı fırının etrafına alüminyum folyo sarın.
Ekmeği kıyma karışımının yarısı ve sos karışımının yarısı ile doldurun.
Kalan et ve sos karışımını ikinci tortilla tabakasının üstüne yayın.
Üzerine peynir koyun.
Üstü kapalı olarak peynir eriyene kadar pişirin.

BESLENME
Kalori 525, Yağ 20.2g, Sodyum 1487.4mg, Karbonhidrat 50.6g, Şekerler 5.8g, Protein 37.3g

55. Hollanda Fırınında Yeşil Fasulye Köfte

TOPLAM PİŞİRME SÜRESİ: 30 DAKİKA
SERVİS: 6
EKİPMAN: 12 İNÇ HOLLANDA FIRINI

İÇİNDEKİLER:

1 su bardağı soğan, doğranmış
2 su bardağı patates püresi
14 onsluk yeşil fasulye konservesi, süzülmüş
1 kilo hamburger
10 onsluk domates çorbası konservesi
½ su bardağı rendelenmiş çedar peyniri

TALİMATLAR

Hollanda fırınında burgeri kızartıp süzün.
Yeşil fasulye ve bir kutu domates çorbası ekleyin.
Peynir ve patates püresini ekleyip peynir eriyene kadar pişirin.

BESLENME

Kalori: 356kcal | Karbonhidratlar: 10g | Protein: 23g | Yağ: 25g
| Doymuş Yağ: 9g | Sodyum: 474mg | Elyaf: 1g

56.   Mükemmel Şili Relleno

TOPLAM PİŞİRME SÜRESİ: 1 SAAT
SERVİS: 6
EKİPMAN: 12 İNÇ HOLLANDA FIRINI

İÇİNDEKİLER:
30 ons buharlaştırılmış süt
14 ons bütün yeşil biber, soyulmuş
Çedar peyniri, 1 pound
Monterey Jack peyniri, 1 pound
4 yumurta
16 ons kutu domates sosu
2 yemek kaşığı dört

TALİMATLAR
Biberleri katmanlara ayırın ve üzerine bolca peynir serpin.
Un ve buharlaştırılmış sütü ekleyin ve karıştırın.
Yaklaşık 35 dakika pişirin.
Üzerine domates sosu ve Monterey Jack koyun ve 17 dakika
daha pişirin.

BESLENME
Kalori 421, Yağ 33 gr, Doymuş Yağ 19 gr, Kolesterol 202 mg,
Sodyum 480 mg, Karbonhidratlar 6 gr, Lif 1 gr

57. Hintli pemmikan

TOPLAM PİŞİRME SÜRESİ: 10 DAKİKA
EKİPMAN: 12 İNÇ HOLLANDA FIRINI
SERVİS: 4

İÇİNDEKİLER

1 su bardağı kuru üzüm
2 kilo dana kıyma
1/2 su bardağı kuru üzüm
sığır donyağı

TALİMATLAR

Eti bir blender kullanarak ince bir püre haline getirin ve ardından kuru üzüm ekleyin.
Bir jöle tepsisine çevirin ve tamamen soğumasını bekleyin.
Şeritler halinde ve ardından geniş çubuklar halinde kesin.
Saklamak için Ziploc torbaları kullanın.

BESLENME

Kalori: 388kcal, Karbonhidrat: 1g, Protein: 34g, Yağ: 28g, Şeker: 1g

58. Hollanda Fırınında sosis topları

TOPLAM PİŞİRME SÜRESİ: 15 DAKİKA
EKİPMAN: 12 İNÇ HOLLANDA FIRINI
SERVİS: 6 DÜZİNE

İÇİNDEKİLER
3 bardak bisküvi
1 yumurta
6 ons çedar peyniri, rendelenmiş
1 pound sosis

TALİMATLAR
Her şeyi ellerinizle birleştirin.
Sıkıştırma parçalarından toplar yapın.
350 derecede 15 dakika pişirin

BESLENME
Kalori 199kcal, Protein 8g, Yağ 17g, Doymuş Yağ 7g, Kolesterol 51mg, Sodyum 881mg

ÇORBALAR, YEMEKLER VE KIRMIZI

59.   İtalyan Minestrone Çorbası

TOPLAM PİŞİRME SÜRESİ: 20 DAKİKA
SERVİS: 4
EKİPMAN: 12 İNÇ HOLLANDA FIRINI

İÇİNDEKİLER:

1 havuç, doğranmış
1 çay kaşığı kuru fesleğen
1 soğan, doğranmış
4 diş sarımsak, kıyılmış
Zeytinyağı, 4 çay kaşığı
Et suyu, 4 su bardağı
3 ons kinoa makarna kabukları
1 çay kaşığı kurutulmuş kekik
2 kereviz sapı, doğranmış
15 ons cannellini fasulyesi konservesi
tutam karabiber
1 rezene ampulü, doğranmış
1 kabak, doğranmış
4 su bardağı bebek ıspanak
14 ons doğranmış kavrulmuş domates
1 çay kaşığı deniz tuzu

TALİMATLAR:

Soğan, sarımsak, kereviz, havuç, fesleğen ve kekiği biraz yağda soteleyin; ara sıra karıştırarak 3 dakika pişirin.

Kabağı ve rezeneyi birlikte 3 dakika daha pişirin.

Et suyunu ve domatesleri ekleyin.

Makarna bitmek üzereyken sebzeleri ekleyin, kaynama noktasına getirin ve 8 dakika pişirin.

Fasulye ve ıspanağı ekledikten sonra üç dakika daha pişirin.

BESLENME

Kalori: 201kcal | Doymuş Yağ: 0.4g | Yağ: 2.6g | Protein: 9.3g | Karbonhidratlar: 31.8g| Şeker: 6.2g | Lif: 11,9 gr

Amerikan beyaz biber

TOPLAM PİŞİRME SÜRESİ: 30 DAKİKA
SERVİS: 4
EKİPMAN: 12 İNÇ HOLLANDA FIRINI

İÇİNDEKİLER:
1 su bardağı kuru kinoa, durulanmış ve pişirilmiş
1/4 su bardağı kıyılmış kişniş
30 ons cannellini fasulyesi, süzülmüş
2 yemek kaşığı zeytinyağı
4 diş sarımsak, kıyılmış
Füme kırmızı biber, 1/2 çay kaşığı
Pul biber, 1 yemek kaşığı
1 çay kaşığı öğütülmüş kişniş
1 çay kaşığı deniz tuzu
2 su bardağı sebze suyu
1 jalapeno
2 çay kaşığı kurutulmuş kekik
2 soğan, doğranmış
2 dolmalık biber, doğranmış

TALİMATLAR:
Soğan, dolmalık biber ve sarımsağı yağda 3 dakika soteleyin.
Baharat, fasulye ve et suyu ekleyin; kaynatın.
18 dakika ara sıra karıştırarak kapağı kapalı olarak pişirin.
Tuz ve kişniş ekleyin.

BESLENME
310 kalori, 35 gr karbonhidrat, 36 gr protein, 4 gr yağ

1. Çıtır Adaçayı ile Altın Balkabağı Çorbası

TOPLAM PİŞİRME SÜRESİ: 15 DAKİKA
SERVİS: 6
EKİPMAN: 12 İNÇ HOLLANDA FIRINI
İÇİNDEKİLER
Tarçın Tozu, 1 çay kaşığı
Cayenne Tozu, 1 çay kaşığı
2 yemek kaşığı saf akçaağaç şurubu
1 yemek kaşığı kıyılmış adaçayı
14 ons hindistan cevizi sütü
Zeytinyağı, 2 yemek kaşığı
5 su bardağı kabak, küp doğranmış ve ızgara
Kaşar tuzu ve karabiber
1 arpacık soğan, doğranmış
tutam deniz tuzu
4 yemek kaşığı tuzlu tereyağı
1 su bardağı çiğ kabak çekirdeği, kızarmış
TALİMATLAR
Fırını 400 ° F'ye ayarlayın.
Balkabagi, arpacık soğanı, zeytinyağı, akçaağaç şurubu,
öğütülmüş adaçayı, kırmızı biber, tarçın ve biraz tuz ve
karabiberi Hollandalı bir fırın kabı kullanarak atın.
Kavrulmuş sebzeleri biraz su ile pürüzsüz olana kadar püre
haline getirin.
Tereyağının yarısını ve hindistancevizi sütünü ekleyin ve 5 dakika
pişirin.
Kalan tereyağını eritin ve bütün adaçayı yapraklarını birer
dakika pişirin.
Tavadaki adaçayı ve kabak çekirdeğine tuz ekleyin.
Çıtır adaçayı yaprakları ve kabak çekirdeği ile süsleyerek servis
yapın.
BESLENME
Kalori: 889kcal | Karbonhidratlar: 97g | Protein: 16g | Yağ: 58g
| Doymuş Yağ: 34g | Kolesterol: 136mg | Sodyum: 1486mg |
Potasyum: 4698mg | Elyaf: 8g | şeker: 41g

2.   Tereyağlı kavrulmuş domates çorbası

TOPLAM PİŞİRME SÜRESİ: 10 DAKİKA
SERVİS: 4
EKİPMAN: 12 İNÇ HOLLANDA FIRINI

İÇİNDEKİLER
FESLEĞENLİ DOMATES ÇORBASI
1 su bardağı tam yağlı süt
1 soğan
2 yemek kaşığı kekik
28 ons bütün soyulmuş domates, kavrulmuş
Kaşar tuzu ve karabiber
3 yemek kaşığı tuzlu tereyağı
6 yemek kaşığı limonlu fesleğen pesto

TALİMATLAR
Kavrulmuş domates, soğan ve sütü pürüzsüz olana kadar karıştırın.
Pesto hariç her şeyi Hollandalı bir fırın kullanarak birleştirin ve 425°F'de 3 dakika boyunca iyice ısıtın.
Üzerine 3 yemek kaşığı pesto sos serpin.

BESLENME
Kalori: 175kcal | Karbonhidratlar: 12g | Protein: 2g | Yağ: 13g | Doymuş Yağ: 3g | Sodyum: 523mg | Elyaf: 1g | şeker: 7g

63. Mantarlı tavuk çorbası

TOPLAM PİŞİRME SÜRESİ: 40 DAKİKA
SERVİS: 8
EKİPMAN: 12 İNÇ HOLLANDA FIRINI

İÇİNDEKİLER

10 diş sarımsak, kıyılmış
1 çay kaşığı kırmızı dolmalık biber, doğranmış
2 defne yaprağı
12 ons lahana, sapları çıkarıldı, yapraklar kırıldı
1 pound önceden kesilmiş D vitamini ile zenginleştirilmiş
mantarlar
2 pound kemiksiz, derisiz tavuk göğsü
2 su bardağı soğan, doğranmış
2 yemek kaşığı hindistan cevizi yağı
15 ons nohut, süzülmüş
8 su bardağı tuzsuz tavuk suyu
3 kereviz sapı, dilimlenmiş
2 havuç, dilimlenmiş
4 dal kekik
Kosher tuzu, 2 çay kaşığı

TALİMATLAR

Havuç, soğan ve kerevizi yağda 5 dakika soteleyin.
Mantar, sarımsak, nohut, et suyu, kekik ve defne yapraklarını
ekleyin ve kaynama noktasına getirin.
Tavuğu, tuzu ve karabiberi ekleyin ve ardından tavuğu yaklaşık
30 dakika pişirin.
Eti parçalayın ve kemikleri atın.
Kale'yi 5 dakika pişirin ve ardından kıyılmış tavuğu ekleyin.

BESLENME

239 Kalori; Protein 18g; karbonhidratlar 24g; Yağ 9g; Doymuş
Yağ 2g

4. **Hollandalı Fırın zenginleştirilmiş çorba**

TOPLAM PİŞİRME SÜRESİ: 30 DAKİKA
SERVİS: 8
EKİPMAN: 12 İNÇ HOLLANDA FIRINI

İÇİNDEKİLER

1 pound önceden kesilmiş D vitamini ile zenginleştirilmiş mantarlar
2 yemek kaşığı yağ
2 su bardağı soğan, doğranmış
10 diş sarımsak, kıyılmış
12 ons Kıvırcık lahana, sapları çıkarılmış, kırık yapraklar
8 su bardağı tuzsuz tavuk suyu
Kosher tuzu, 2 çay kaşığı
3 kereviz sapı, dilimlenmiş
2 pound kemiksiz, derisiz hindi
4 dal kekik
2 defne yaprağı
2 havuç, dilimlenmiş
15 ons nohut, süzülmüş
1 çay kaşığı öğütülmüş kırmızı dolmalık biber

TALİMATLAR

Hindi ve lahana hariç tüm malzemeleri yağda soteleyin; örtün ve 25 dakika pişirin.
Et suyuna hindi ve lahana ekleyin; örtün ve 5 dakika kaynatın.

BESLENME

Kalori 253, Yağ 6,5 gr, Doymuş yağ 1 gr, Protein 28 gr, Karbonhidrat 22 gr, Lif 6 gr, Kolesterol 54 mg

5.   Altın Zerdeçal Karnabahar Çorbası

TOPLAM PİŞİRME SÜRESİ: 30 DAKİKA
SERVİS: 4
EKİPMAN: 12 İNÇ HOLLANDA FIRINI

İÇİNDEKİLER
3 diş sarımsak, kıyılmış
3 yemek kaşığı üzüm çekirdeği yağı
⅛ yemek kaşığı ezilmiş kırmızı biber gevreği
1 yemek kaşığı zerdeçal
¼ bardak tam hindistan cevizi sütü
6 su bardağı karnabahar çiçeği
1 yemek kaşığı kimyon tozu
1 soğan veya rezene ampulü, kıyılmış
3 su bardağı sebze suyu

TALİMATLAR
Fırını 450 dereceye ayarlayın.
Karnabahar ve sarımsağı yağda pişirin.
Zerdeçal, kimyon ve kırmızı biber gevreği ile eşit şekilde kaplayın.
Karnabahar bir fırın tepsisine tek kat halinde yayılmalı ve 30 dakika veya altın rengi kahverengi olana kadar pişirilmelidir.
Hollandalı bir fırın kullanarak kalan 1 çorba kaşığı yağda soğanı soteleyin.
Bir tencerede, kalan karnabaharı soğan ve sebze suyuyla karıştırın.
Pürüzsüz olana kadar püre haline getirin ve biraz hindistan cevizi sütü ile servis yapın.

BESLENME
Kalori: 207kcal | Karbonhidratlar: 33.5g | Protein: 9.2g | Yağ: 5.4g | Doymuş Yağ: 1g | Potasyum: 1226mg | Elyaf: 8g | Şeker: 8.3g | Demir: 2mg

Hollandalı Fırın akşamdan kalma çorbası

TOPLAM PİŞİRME SÜRESİ: 45 DAKİKA

SERVİS: 6

EKİPMAN: 12 İNÇ HOLLANDA FIRINI

İÇİNDEKİLER

16 ons lahana turşusu olabilir; durulanmış

2 dilim domuz pastırması, pişmiş

½ pound Polonya sosisi; dilimlenmiş ve pişmiş

1 soğan; kıyılmış

2 yemek kaşığı un

2 sap kereviz; dilimlenmiş

4 su bardağı et suyu

1 çay kaşığı kimyon tohumu

2 domates; kıyılmış

1 dolmalık biber; kıyılmış

2 çay kaşığı kırmızı biber

1 su bardağı mantar, dilimlenmiş

½ su bardağı ekşi krema

TALİMATLAR

Sebzeleri yumuşayana kadar pişirin ve soğanı ve yeşil biberi ekleyin.

Pişmiş sosis ve domuz pastırması, et suyu, lahana turşusu, domates, kırmızı biber ve kimyon tohumlarını ekleyin.

45 dakika pişirin.

Un ve ekşi kremayı birleştirin ve çorbaya ekleyin.

Hollandalı fırını her şeyle doldurun ve bir dakika daha pişirin.

BESLENME

Kalori: 40kcal | Karbonhidratlar: 2g | Protein: 1g | Sodyum: 390mg | Potasyum: 59mg | şeker: 1g | A Vitamini: 20IU | C Vitamini: 5.7mg | Kalsiyum: 5mg | Demir: 0.4mg

7.   Hollandalı Fırın shoyu suyu

TOPLAM PİŞİRME SÜRESİ: 10 DAKİKA
SERVİS: 4
EKİPMAN: 12 İNÇ HOLLANDA FIRINI

İÇİNDEKİLER:

5 adet kurutulmuş şitaki mantarı, parçalara ayrılmış
4 çay kaşığı hindistan cevizi yağı
4 yemek kaşığı dashi granülleri
3 taze soğan, dilimlenmiş
1 elma, özlü, soyulmuş ve doğranmış
1 çay kaşığı beyaz biber
5 diş sarımsak, soyulmuş
4 adet öküz kuyruğu
1 soğan, doğranmış
2 kereviz sapı, doğranmış
1 limon
2 litre tavuk suyu
2 havuç, soyulmuş ve doğranmış
175 ml soya sosu
2 çay kaşığı tuz
1 bütün tavuk
1 defne yaprağı

TALİMATLAR:

Tencereye hindistancevizi yağı, kuru Shiitake, elma, kereviz, havuç, soğan ve sarımsağı ekleyin.

Tavuk, öküz kuyruğu ve limon ekleyin.

Hollandalı fırını 90°C'ye ısıtın ve 10 saat fırına koyun; çorbayı kaynatın.

Spagettiyi içine atın.

BESLENME

Kalori: 55kcal, Karbonhidrat: 5g, Protein: 7g, Yağ: 1g, Doymuş Yağ: 1g, Sodyum: 2021mg, Lif: 1g

98.   Mercimek çorbası

TOPLAM PİŞİRME SÜRESİ: 30 DAKİKA
SERVİS: 4
EKİPMAN: 12 İNÇ HOLLANDA FIRINI

İÇİNDEKİLER

1 su bardağı soğan, doğranmış
2 çay kaşığı tuz
1/2 çay kaşığı kişniş tozu
2 litre tavuk veya sebze suyu
1 kilo mercimek
Doğranmış domates, 1 su bardağı
Kıyılmış havuç, 1/2 su bardağı
Kıyılmış kereviz, 1/2 su bardağı
2 yemek kaşığı zeytinyağ
1 çay kaşığı kimyon

TALİMATLAR

Kereviz, soğan ve havucu bir tutam tuzla yağda soteleyin.
Kişniş, kimyon, mercimek, domates ve et suyunu karıştırın.
Birkaç dakika kaynatın.
Bir blender kullanarak, karışımı istenen kıvamda püre haline
getirin.

BESLENME

Kalori: 123kcal | Karbonhidratlar: 22g | Protein: 7g | Yağ: 1g |
Doymuş Yağ: 1g | Sodyum: 197mg | Potasyum: 439mg | Elyaf: 9g
| şeker: 4g

Afrika Fıstık Çorbası

TOPLAM PİŞİRME SÜRESİ: 10 DAKİKA
SERVİS: 4
EKİPMAN: 12 İNÇ HOLLANDA FIRINI

İÇİNDEKİLER

1 soğan, doğranmış
1 yemek kaşığı kanola yağı
Kişniş, 2 yemek kaşığı
Limon Suyu, 2 yemek kaşığı
2 sap kereviz, doğranmış
2 yemek kaşığı kıyılmış fıstık
1 diş sarımsak, kıyılmış
2 havuç, doğranmış
1 yemek kaşığı zencefil, kıyılmış
3 su bardağı sebze suyu

TALİMATLAR

Fıstık ezmesi ve limon suyu hariç her şeyi 5 dakika soteleyin.
Bir karıştırıcıya aktarın ve iyice işleyin.
Çorbayı fıstık ezmesi ve limon suyuyla birlikte tencereye geri
ekleyin; 5 dakika pişirin.

BESLENME

Kalori: 300; Yağ: 7g; Doymuş Yağ: 1g; Karbonhidrat: 54 gr; Elyaf:
8g; Şeker: 11 gr; Protein: 10g

Hollandalı Fırın tavuk çorbası

TOPLAM PİŞİRME SÜRESİ: 1 SAAT
SERVİS: 8
EKİPMAN: 12 İNÇ HOLLANDA FIRINI

İÇİNDEKİLER

2 yemek kaşığı kıyılmış kişniş
3 kilo kızarmış tavuk
½ çay kaşığı tarhun, kıyılmış
2 su bardağı doğranmış domates
1 su bardağı mısır taneleri
½ su bardağı doğranmış yeşil soğan
1 çay kaşığı fesleğen, kıyılmış
½ su bardağı kabuklu bezelye
6 su bardağı yağı alınmış tavuk suyu
½ su bardağı doğranmış tatlı patates
½ su bardağı kuru şeri

TALİMATLAR

Tavuk parçalarını şeri içinde yaklaşık 10 dakika pişirin ve ardından domatesleri, mısırı, yeşil soğanları ve tatlı patatesleri ekleyin.

Bezelye, taze soğan, fesleğen, tarhun ve acı biberi ekledikten sonra 5 dakika pişirin.

Tavuk parçalarını, suyu ve et suyunu ekleyin.

50 dakika kaynatın.

BESLENME

Kalori: 450, Yağ: 19g, Doymuş Yağ: 4g, Sodyum: 2195mg, Karbonhidrat: 33g, Lif: 5g, Şeker: 8g, Protein: 40g

1.　　　**Alman patates çorbası**

TOPLAM PİŞİRME SÜRESİ: 1 SAAT 15 DAKİKA
SERVİS: 6
EKİPMAN: 12 İNÇ HOLLANDA FIRINI

İÇİNDEKİLER:

6 su bardağı su
3 su bardağı soyulmuş küp doğranmış patates
1 ¼ fincan dilimlenmiş kereviz
½ çay kaşığı tuz
½ fincan soğan, doğranmış
1/8 çay kaşığı biber
Köfte Damlası:
½ çay kaşığı tuz
1 çırpılmış yumurta
1/3 su bardağı su
1 fincan çok amaçlı un

TALİMATLAR

İlk 6 malzemeyi bir Hollanda fırınında karıştırın ve yumuşayana kadar yaklaşık 1 saat pişirin. Sebzeleri çıkarın ve ezin

ÇÖREKLER İÇİN:

Un, su, tuz ve yumurtayı karıştırın.
Sıcak çorbanın üzerine serpin.
Örtün ve yaklaşık 15 dakika pişirin.

BESLENME

Karbonhidrat 51 gr; Diyet Lifi 9 gr; şeker 9 gr; Yağ 0 gr; doymuş 0 gr.

72.   Hamburger Sebze Çorbası

TOPLAM PİŞİRME SÜRESİ: 1 SAAT
SERVİS: 6
EKİPMAN: 12 İNÇ HOLLANDA FIRINI

İÇİNDEKİLER:

2 bardak patates, doğranmış
4 su bardağı konserve domates
1 pound kıyma
1 ½ bardak dilimlenmiş kereviz
½ su bardağı pirinç
5 su bardağı su
1 su bardağı soğan, doğranmış
2 su bardağı kıyılmış lahana
1 defne yaprağı

TALİMATLAR

Soğanı Hollandalı bir fırında soteleyin ve ardından dana etini kızartın.
Kalan malzemeleri ekleyin ve sebzeleri 1 saat veya yumuşayana kadar pişirin.

BESLENME

Kalori: 207kcal | Karbonhidratlar: 15g | Protein: 22g | Yağ: 6g | Doymuş Yağ: 2g | Kolesterol: 47mg | Sodyum: 589mg | Potasyum: 1070mg | Elyaf: 4g | şeker: 8g

3.　　　Waldorf Astoria Güveç

TOPLAM PİŞİRME SÜRESİ: 1 SAAT
SERVİS: 6
EKİPMAN: 12 İNÇ HOLLANDA FIRINI

İÇİNDEKİLER:

3 yemek kaşığı tapyoka dakika
4 patates, uzunlamasına kamalanmış
1 su bardağı kereviz, dilimlenmiş
2 soğan doğranmış
1 kutu çorba suyu
Tuz, 1 çay kaşığı
2 pound yuvarlak biftek, kuşbaşı
10 onsluk domates çorbası konservesi
2 bardak havuç, dilimlenmiş

TALİMATLAR

Hollandalı fırında sebzeleri küçük et parçalarının etrafına
yerleştirin.
Tuz ve tapyoka ekleyin.
Suyu ve çorbayı ekleyip yaklaşık 1 saat pişirin.

BESLENME

360 kalori, 10 gr yağ, 3 gr doymuş yağ, 605 mg sodyum, 41 gr
karbonhidrat, 28 gr protein

74.   Hollandalı Fırın Kıyma biber

TOPLAM PİŞİRME SÜRESİ: 2 SAAT
SERVİS: 6
EKİPMAN: 12 İNÇ HOLLANDA FIRINI

İÇİNDEKİLER
1 yemek kaşığı sıvı yağ
4 yemek kaşığı su
2 çay kaşığı tuz, şeker, Worcestershire, kakao, kimyon, kekik
3 su bardağı konserve domates
1 yemek kaşığı Tabasco sosu
1 soğan doğranmış
1 yemek kaşığı pul biber
2 kilo kıyma
2 kutu barbunya fasulyesi

TALİMATLAR
Yağda, kahverengi kıyma ve soğan.
Kalan malzemeleri ekleyin, üzerini kapatın ve en son fasulyeleri
ekleyerek 2 saat kaynatın.

BESLENME
Kalori: 276, Yağ: 10 gr, Doymuş Yağ: 3 gr, Kolesterol: 40 mg,
Sodyum: 158 mg, Karbonhidrat: 27 gr, Lif: 8 gr, Şeker: 4 gr,
Protein: 21 gr

75.   Hollandalı Fırın Teksaslı biber

TOPLAM PİŞİRME SÜRESİ: 1 SAAT
SERVİS: 6
EKİPMAN: 12 İNÇ HOLLANDA FIRINI

İÇİNDEKİLER

2 pound rosto dana eti
20 ons doğranmış domates
1 soğan
1 yemek kaşığı kekik
6 jalapeño biber, çekirdekleri çıkarılmış ve doğranmış
Tuz, 2 çay kaşığı
1 yemek kaşığı kimyon
6 diş sarımsak, kıyılmış
4 yemek kaşığı pul biber
domuz yağı

TALİMATLAR

Pastırma Yağında, Kahverengi Sığır Eti, Soğan ve Sarımsak.
Jalapenos'u ve diğer Malzemeleri ekleyin ve Bir Saat Pişirin.

BESLENME

Kalori 280; Toplam yağ 15g, Cts. yağ 6g; Sodyum 640mg;
karbonhidratlar 9g; Elyaf 2g; Toplam Şeker 3g; Protein 26g

6. **Baharatlı Barbunya ve Sosis Biber**

TOPLAM PİŞİRME SÜRESİ: 1 SAAT
SERVİS: 2.5 ÇEYREK
EKİPMAN: 12 İNÇ HOLLANDA FIRINI

İÇİNDEKİLER

1 pound sıcak sosis
1/2 kiloluk kurutulmuş barbunya fasulyesi, pişmiş
1 pound kıyma
1 çay kaşığı kişniş
1 litre domates suyu
2 soğan, doğranmış
Kıyılmış Sarımsak, 2 diş
6 ons domates salçası
3 yemek kaşığı pul biber
5 defne yaprağı
Tuz, 1 çay kaşığı
Worcestershire sosu, 1 yemek kaşığı
1 yemek kaşığı sirke
1/2 çay kaşığı kimyon tozu
1 çay kaşığı biber
1 çay kaşığı öğütülmüş yenibahar
1 yemek kaşığı kuru hardal
bir tutam kırmızı biber
1 çay kaşığı Tarçın Tozu
bir tutam sıcak sos

TALİMATLAR

Sığır eti, soğan ve sarımsağı Hollandalı bir fırın kullanarak karıştırın.
Diğer malzemeleri ekleyin ve 1 saat pişirin.
Haşlanmış fasulyeleri ekleyin ve defne yaprağını atın.

BESLENME

Kalori: 334kcal | Karbonhidratlar: 33g | Protein: 17g | Yağ: 15g | Doymuş Yağ: 4g

7.   Hollandalı Fırın Kıyma biber

TOPLAM PİŞİRME SÜRESİ: 1 SAAT
SERVİS: 6
EKİPMAN: 12 İNÇ HOLLANDA FIRINI

İÇİNDEKİLER
1 kiloluk çiğ barbunya fasulyesi, pişmiş ve süzülmüş
1 pound kıyma
1 yemek kaşığı kimyon
20 ons doğranmış domates
2 yemek kaşığı pul biber
1 soğan, doğranmış
3 diş sarımsak, kıyılmış
1 dolmalık biber, doğranmış
Worcestershire sosu, 1 yemek kaşığı
Tuz ve biber
1 bardak kırmızı şarap

TALİMATLAR
Kıyma ile soğan ve sarımsağı soteleyin.
Kalan bileşenleri ekleyin.
Yaklaşık 1 saat kısık ateşte kapağı kapalı olarak pişirin.

BESLENME
Kalori 281; Yağ 15g, Doymuş yağ 6g; karbonhidratlar 10g;
şekerler 3g; Protein 25g

Hollandalı Fırın Domuz eti ve yeşil biber

TOPLAM PİŞİRME SÜRESİ: 1 SAAT
SERVİS: 6
EKİPMAN: 12 İNÇ HOLLANDA FIRINI

İÇİNDEKİLER

2 kereviz sapı, doğranmış
2 domates, doğranmış
1/2 su bardağı Ortega Yeşil Biber
Domuz eti, 2 pound
6 diş sarımsak, kıyılmış
3 yemek kaşığı jalapeno biber sosu

TALİMATLAR

Domuzu yağda kızartın ve ardından kalan malzemeleri ekleyin.
Bir veya iki bardak su ekleyin.
1 saat kısık ateşte ağzı kapalı olarak pişirin.

BESLENME

Kalori 492, Yağ 16,1 gr, Doymuş Yağ 5,1 gr, Sodyum 442 mg,
Karbonhidratlar 10,3 gr, Lif 2,8 gr, Şeker 0,8 gr, Protein 71,8 gr

9. Şili Relleno Güveç

TOPLAM PİŞİRME SÜRESİ: 45 DAKİKA
SERVİS: 6
EKİPMAN: 12 İNÇ HOLLANDA FIRINI

İÇİNDEKİLER

3 yemek kaşığı un
1 kilo çedar peyniri
4 yumurta
2 kutu bütün yeşil biber
1 pound Monterey Jack peyniri
13 ons buharlaştırılmış süt
Tuz ve biber

TALİMATLAR

Yağlanmış bir Dutch Fırın tenceresinin dibindeki biberlerin üzerine kaşar peyniri katlayın.
Üzerine Jack's peynirini ekleyin ve ardından çırpılmış yumurta sarısını, sütü, unu, tuzu ve karabiberi tencerenin üzerine dökün. 325 derecede. 45 dakika pişirin.

BESLENME

Kalori 421, Yağ 33 gr, Doymuş Yağ 19 gr, Kolesterol 202 mg, Sodyum 480 mg, Karbonhidratlar 6 gr, Lif 1 gr, Protein 26 gr

Sığır Eti ve Sebze Çorbası

TOPLAM PİŞİRME SÜRESİ: 1 SAAT 20 DAKİKA
SERVİS: 4.5 KUART
EKİPMAN: 12 İNÇ HOLLANDA FIRINI

İÇİNDEKİLER

16 ons domates sosu
1 kırmızı acı biber
1 tatlı kaşığı tuz
1 lahana, doğranmış
15 ons İngilizce bezelye
1 pound güveç sığır eti, kuşbaşı
1 çay kaşığı biber
7 su bardağı su
2 adet dana çorbası kemiği
4 patates, küp
4 havuç, doğranmış
17 ons bütün çekirdek mısır

TALİMATLAR

Hollandalı bir fırını su, sığır eti ve kemiklerle doldurun.
Bir saat kaynatın.
Tavayı kapatın ve dana küplerini bir saat daha pişirin.
Her şeyi ekleyin, örtün ve 40 dakika pişirin.
Mısır ve bezelyeyi ekleyin, ardından 40 dakika pişirin.

BESLENME

Kalori 213, Yağ 3 gr, Karbonhidratlar 25 gr, Lif 5 gr, Protein 22 gr

81.   Hollandalı Fırın kovboy çorbası

TOPLAM PİŞİRME SÜRESİ: 30 DAKİKA
SERVİS: 6
EKİPMAN: 12 İNÇ HOLLANDA FIRINI

İÇİNDEKİLER
1 kutu domates
1 kutu yeşil fasulye
patates dilimleri
1 kutu bezelye
1 pound kıyma
1 kutu mısır
Küçük hindistan cevizi, tuz ve karabiber serpin
1 soğan
1 kutu kuru fasulye
Bir çimdik toz biber
1 kutu domates çorbası
1 defne yaprağı

TALİMATLAR
Kıyma ve soğanı pembeleşinceye kadar soteleyin.
Tüm malzemeleri ekleyin ve 30 dakika pişirin.

BESLENME
Kalori: 273, toplam Yağ: 11 gr, doymuş Yağ: 4 gr, sodyum: 475 mg, karbonhidrat: 25 gr, lif: 4 gr, şeker: 6 gr, protein: 20 gr

2.   patates ve et suyu

TOPLAM PİŞİRME SÜRESİ: 40 DAKİKA
SERVİS: 6
EKİPMAN: 12 İNÇ HOLLANDA FIRINI

İÇİNDEKİLER
2 kilo yeni patates
6 su bardağı su
6 adet et bulyon

TALİMATLAR
Kaynayan suya patatesleri ekleyin.
Et suyunu ekleyin ve 40 dakika pişirin.

BESLENME
Kalori 240, Yağ 11 gr, Doymuş Yağ 5 gr, Sodyum 299 mg,
Karbonhidratlar 29 gr, Lif 3 gr, Protein 8 gr

83.   Hollandalı Fırın hamburger güveç

TOPLAM PİŞİRME SÜRESİ: 1 SAAT
SERVİS: 10 - 12
EKİPMAN: 12 İNÇ HOLLANDA FIRINI

İÇİNDEKİLER
1 kutu bisküvi
2 kilo kıyma
1 soğan
2 diş sarımsak; kıyılmış
28 ons ezilmiş domatesler
2 patates, doğranmış
2 sap kereviz
2 bardak su
Tuz ve biber
2 havuç, doğranmış

TALİMATLAR
Eti bir Hollanda fırınında soğan ve sarımsakla birlikte kızartın.
Domates ve sebzeleri ekleyin.
45 dakika pişirin ve ardından 20 dakika daha güvecin üzerine
krakerleri koyun.

BESLENME
Kalori 242, Yağ 3,7 gr, Sodyum 367,2 mg, Karbonhidrat 23 gr,
Şekerler 7,2 gr, Protein 27,8 gr

Hollandalı Fırın lazanya çorbası

TOPLAM PİŞİRME SÜRESİ: 15 DAKİKA
SERVİS: 8
EKİPMAN: 12 İNÇ HOLLANDA FIRINI

İÇİNDEKİLER

Domates salçası, 2 yemek kaşığı

2 kiloluk İtalyan sosisi

4 diş sarımsak; kıyılmış

2 soğan, doğranmış

2 çay kaşığı kekik

1 çay kaşığı pul biber

6 su bardağı tavuk suyu

8 oz. düdüklü makarna

2 çay kaşığı zeytinyağı

Tuz ve karabiber serpin

3 su bardağı rendelenmiş mozzarella peyniri

28 ons doğranmış domates olabilir

2 defne yaprağı

1 su bardağı fesleğen

1 su bardağı rendelenmiş Parmesan Peyniri

8 ons ricotta peyniri

TALİMATLAR

Hollandalı bir fırın kullanarak soğanları ve eti biraz yağda kızartın.

Pulları, kekik ve sarımsağı ekleyin ve bir dakika pişirin.

Domates, et suyu ve defne yapraklarını ekledikten sonra kaynatın.

Makarna ve fesleğeni ekleyin; tuz ve karabiber serpin ve 15 dakika daha pişirin.

Peynirleri bir kapta karıştırın.

Kasenin dibine ricotta karışımından 2 yemek kaşığı koyun, üzerine mozzarella peyniri koyun ve üzerine çorbayı gezdirin.

BESLENME

Kalori: 493kcal, Karbonhidrat: 43g, Protein: 30g, Yağ: 23g, Doymuş Yağ: 9g, Lif: 4g, Şeker: 7g

5. **Hollandalı Fırın Biber**

TOPLAM PİŞİRME SÜRESİ: 1 SAAT
SERVİS: 6
EKİPMAN: 12 İNÇ HOLLANDA FIRINI

İÇİNDEKİLER

2 pound kemiksiz yuvarlak biftek, kuşbaşı
8 onsluk domates sosu konservesi
1 pound domuz eti, kuşbaşı
1 çay kaşığı karabiber
1 yemek kaşığı bitkisel yağ
1/3 fincan biber tozu
1 su bardağı soğan, doğranmış
1 çay kaşığı öğütülmüş adaçayı
1 yemek kaşığı kırmızı biber
28 onsluk kutu et suyu
2 çay kaşığı sarımsak tozu
1 çay kaşığı esmer şeker
2 yemek kaşığı kimyon
1 çay kaşığı kekik
1 çay kaşığı kuru hardal

TALİMATLAR

Yağı ısıt; sığır eti ve domuz eti Hollandalı fırına ekleyin.
Kızarana kadar pişirin.
Biber ekleyin. et suyu ve domates sosu ve sonra kaynatın.
Biber tozu, kuru hardal, soğan, kimyon, kırmızı biber, esmer
şeker ve sarımsak tozunu ekleyin.
1 saat veya et çok yumuşak olana kadar pişirin.

BESLENME

Kalori 280; Toplam yağ 15g, Cts. yağ 6g; Sodyum 640mg;
karbonhidratlar 9g; Elyaf 2g; Toplam Şeker 3g; Protein 26g

Hollandalı Fırın kırmızı ve yeşil biber

TOPLAM PİŞİRME SÜRESİ: 1 SAAT
SERVİS: 10 - 12
EKİPMAN: 12 İNÇ HOLLANDA FIRINI

İÇİNDEKİLER
1 bardak su
2 pound biftek, kuşbaşı
3 yemek kaşığı pul biber
Kıyılmış Sarımsak, 2 diş
2 çay kaşığı karabiber
Tuz, 1 çay kaşığı
3 28 ons barbunya fasulyesi
1 çay kaşığı kekik
1 soğan, doğranmış
28 ons ezilmiş domates konservesi
3 7 onsluk doğranmış yeşil biber kutusu
1 kutu domates salçası

TALİMATLAR
İlk sekiz bileşen fermuarlı bir çantada birleştirilmeli ve
buzdolabında saklanmalıdır.
Her şeyi bir tavada kızartın ve 30 dakika pişirin.

BESLENME
Kalori 278; Yağ 15g, Doymuş yağ 6g; karbonhidratlar 10g; Elyaf
2g; Protein 26g

Hollandalı Fırında Tavuk Turtası

TOPLAM PİŞİRME SÜRESİ: 45 DAKİKA
SERVİS: 6
EKİPMAN: 12 İNÇ HOLLANDA FIRINI

İÇİNDEKİLER

2 çay kaşığı tavuk baharatı
1 soğan, doğranmış
4 patates, doğranmış
4 yemek kaşığı sıvı yağ
1 tüp soğutmalı hilal rulo
Süt, 1 su bardağı
1/4 su bardağı un
2 çay kaşığı kıyılmış sarımsak
2 kutu kremalı tavuk
3 pound tavuk göğsü eti, doğranmış
1 kilo karışık sebze

TALİMATLAR

Tavuğu ve sarımsağı tavuk yumuşayana kadar pişirin ve karıştırın.
Patatesleri ve soğanı tavukla birlikte 10 dakika ekleyin.
Tavuklu karışıma hilal böreği hariç tüm malzemeleri ekleyin; kaynatın.
Hilal rulolarını tavuk karışımının üzerine yerleştirin.
Hollandalı fırında kapakla 350 derece Fahrenheit'te pişirin.
Rulolar altın kahverengi olduğunda ve ufalandığında, tencere turtası hazırdır.

BESLENME

Kalori: 255kcal, Karbonhidrat: 34g, Protein: 7g, Yağ: 11g, Doymuş Yağ: 7g, Lif: 3g, Şeker: 3g

8.   Patates çorbası

TOPLAM PİŞİRME SÜRESİ: 25 DAKİKA
SERVİS: 4
EKİPMAN: 12 İNÇ HOLLANDA FIRINI

İÇİNDEKİLER
2 bardak süt
6 kaburga kereviz, doğranmış
Tuz, 1 çay kaşığı
6 yemek kaşığı tereyağı, küp
8 su bardağı tavuk suyu
2 havuç, doğranmış
1 soğan, doğranmış
6 yemek kaşığı çok amaçlı un
6 adet patates, soyulmuş ve küp şeklinde doğranmış
1 çay kaşığı biber

TALİMATLAR
Patates, havuç ve kerevizi suda 20 dakika veya yumuşayana
kadar Hollandalı bir fırın kullanarak pişirin.
Sıvıyı ve sebzeleri boşaltın ve bir kenara koyun.
Soğanı tereyağında soteleyin ve ardından un, tuz, süt ve
karabiberle karıştırın.
Düzenli olarak karıştırarak 2 dakika pişirin.
Pişmiş sebzeleri ve ayrılmış pişirme sıvısını ekleyin.

BESLENME
Kalori: 280.6, Yağ: 604g, Doymuş Yağ: 3.2g. Sodyum: 445.9mg,
Karbonhidratlar: 46.1g, Lif: 3.7g, Protein:11.1g

Hollandalı Fırın ıstakoz bisküvi

TOPLAM PİŞİRME SÜRESİ: 15 DAKİKA
SERVİS: 4
EKİPMAN: 12 İNÇ HOLLANDA FIRINI

İÇİNDEKİLER

1 soğan, doğranmış
5 yemek kaşığı tereyağı
3 yeşil pırasa, dilimlenmiş
1 su bardağı ıstakoz, kıyılmış
2 havuç, soyulmuş, doğranmış
2 bardak istiridye suyu
3 bardak bölünmüş ıstakoz kabukları ve kuyrukları
1 domates, tohumlanmış, soyulmuş ve doğranmış
4 yemek kaşığı un
1 su bardağı istiridye

TALİMATLAR

Pırasa, soğan, domates ve havucu biraz tereyağında soteleyin.
Istakoz kabuklarını ve istiridye sıvısını ekleyin ve 45 dakika
pişirin.
Kabukları çıkarın ve atın.
4 yemek kaşığı tereyağı ve 4 yemek kaşığı unu hafif kahverengi
bir renk alana kadar kavurun.
ile fırını tekrar doldurunBazısıvı ve iyice çırpın.
Şiddetle çalkalarken kalan sıvıyı ekleyin; kaynatın.
İstiridye, sebzeler ve ıstakoz etini ekleyin ve yaklaşık 10 dakika
kısık ateşte pişirin.

BESLENME

Kalori: 224kcal | Karbonhidratlar: 9g | Protein: 8g | Yağ: 16g |
Doymuş Yağ: 8g | Kolesterol: 85mg | Sodyum: 475mg

TATLILAR

90. **Ananas Baş Aşağı Kek**

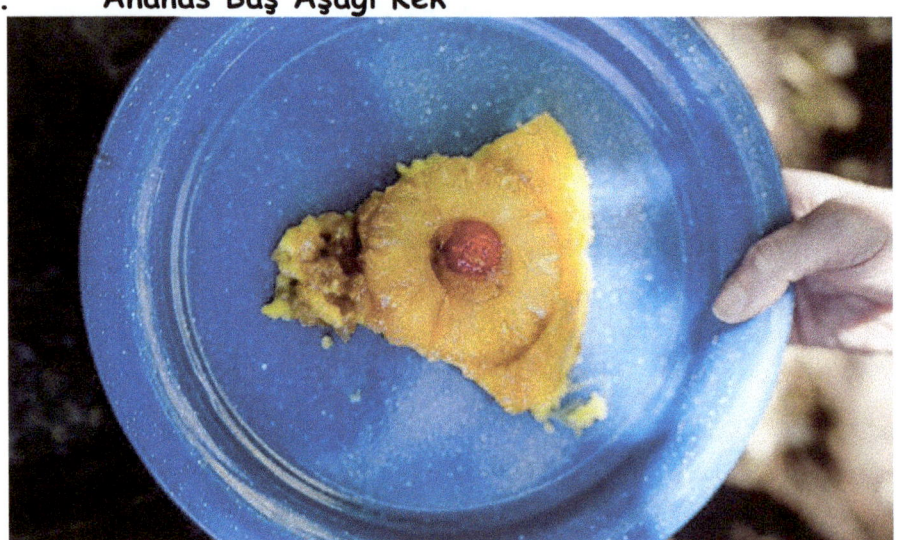

TOPLAM PİŞİRME SÜRESİ: 1 SAAT
SERVİS: 8
EKİPMAN: 12 İNÇ HOLLANDA FIRINI &ALİMİNYUM FOLYO

İÇİNDEKİLER:
1 ½ çay kaşığı kabartma tozu
6 dilim ananas
2/3 su bardağı esmer şeker
½ çay kaşığı tuz
1/3 su bardağı tereyağı
Süt, 1 su bardağı
8-10 maraschino kirazı
vanilya, 1 çay kaşığı
1 yumurta
1 ¼ su bardağı un
1 su bardağı şeker

TALİMATLAR
Hollandalı fırının etrafına alüminyum folyo sarın.
Fırını 350 derece Fahrenheit'e ayarlayın.
Ocakta tereyağını eritin ve ardından tereyağının üzerine esmer şekeri ekleyin.
Ananas dilimlerini ve ananas halkalı kirazları tereyağ-şeker karışımının üzerine dizin.
Kalan malzemeleri karıştırın ve 3 dakika veya pürüzsüz olana kadar çırpın.
Ananas tepesinin üstüne hamur tabakası.
Alt ve üstteki kömürlerin üzerinde 50 dakika pişirin.

BESLENME
Kalori 367, Yağ 14g gram, Doymuş Yağ 3.4g gram,
Karbonhidratlar 58g gram, Elyaf 0.9g gram, Protein 4g

91.   Hollandalı Fırın dökümü kek

TOPLAM PİŞİRME SÜRESİ: 25 DAKİKA
SERVİS: 6
EKİPMAN: 10 İNÇ HOLLANDA FIRINI

İÇİNDEKİLER:
½ fincan tereyağı
Seçtiğiniz 21 ons kutu meyveli kek dolgusu
1 kutu meyve dolgulu kek karışımı
12 ons limonlu soda olabilir

TALİMATLAR
Fırınınızın etrafına alüminyum folyo sarın.
Hollandalı bir fırın kullanarak tereyağını eritin; Pasta dolgusunu ekleyin ve ardından üstüne pasta karışımını serpin.
Üstüne soda ile 25 dakika pişirin.

BESLENME
Kalori 574, Yağ 24 gr, Doymuş Yağ 11 gr, Sodyum 764 mg, Karbonhidratlar 87 gr, Lif 4 gr, Protein 1 gr

92.   Hollandalı Fırında Elmalı Kurabiye Ayakkabıcı

TOPLAM PİŞİRME SÜRESİ: 35 DAKİKA
SERVİS: 6
EKİPMAN: 12 İNÇ HOLLANDA FIRINI

HAMUR KABUK:
2 su bardağı un
1 yemek kaşığı süt
Şeker, 1 su bardağı
Tereyağı, 1/3 su bardağı
Kabartma tozu, 1¼ çay kaşığı
1 çırpılmış yumurta
¼ çay kaşığı tuz

½ çay kaşığı vanilya

DOLGU:
1-1/2 çay kaşığı tarçın
6 su bardağı dilimlenmiş ve soyulmuş elma
1 su bardağı esmer şeker
bir tutam küçük hindistan cevizi
2 yemek kaşığı un
½ yemek kaşığı limon suyu

TALİMATLAR
Şeker ve tereyağını karıştırın.
Yumurta, süt ve vanilyayı karıştırın.
Kuru malzemeleri birlikte eleyin.
Kremalı karışımı ekleyin.
Şeker ve tarçını karıştırın.
Hamurun üzerine serpin; 35 dakika veya altın kahverengi olana
kadar pişirin.
Krem şanti ile doldurun.

BESLENME
kalori. 430; Yağ. 11.44 gr; karbonhidratlar. 79.07 gr; Protein.
4,97 gram

93.   Simply Dutch Fırın Çikolatalı Kek

TOPLAM PİŞİRME SÜRESİ: 1 SAAT
SERVİS: 8
EKİPMAN: 12 İNÇ HOLLANDA FIRINI

İÇİNDEKİLER:
2/3 su bardağı bitkisel yağ
çikolata parçaları
2 su bardağı şeker
3 su bardağı un
2 bardak soğuk su
toz şeker
Tuz, 1 çay kaşığı
2 yemek kaşığı sirke
½ su bardağı kakao
2 çay kaşığı kabartma tozu

TALİMATLAR
Kuru malzemeleri karıştırın ve ardından kalan malzemeleri iyice karıştırın.
Hollandalıları yağlayın ve unlayın ve ardından kek hamurunu dökün ve ardından çikolata parçaları ile süsleyin.
Altta 10, üstte 17 köz olacak şekilde fırında 40 dakika pişirin.
20 dakika sonra kısık ateşten alın ve sadece üstte pişirmeyi bitirin.
Servis yapmadan önce pudra şekeri serpin.

BESLENME
510 kalori, 243 gr yağ, 15 gr doymuş yağ, 68 gr karbonhidrat ve 7 gr protein.

94. Dutch Fırın şeftali tatlısı

TOPLAM PİŞİRME SÜRESİ: 35 DAKİKA
SERVİS: 6
EKİPMAN: 12 İNÇ HOLLANDA FIRINI

İÇİNDEKİLER:

2/3 su bardağı tereyağı
2 çay kaşığı vanilya
3 su bardağı un
1 su bardağı şeker
3 çay kaşığı kabartma tozu
2- 16 ons konserve şeftali,
1 su bardağı esmer şeker
2 yumurta
Tuz, 1 çay kaşığı
1 ½ su bardağı süt

TALİMATLAR

Hollandalı fırını alüminyum folyo ile kaplayın.
Süzülmüş şeftalileri Hollanda fırınının en altına koyun.
Hamuru karıştırın.
Altta 8, üstte 16 közde kapağı kapalı olarak 35 dakika pişirin.

BESLENME

Kalori: 357 | Karbonhidratlar: 52g | Protein: 4g | Yağ: 16g

95.   Hollandalı fırında elmalı gevrek

TOPLAM PİŞİRME SÜRESİ: 20 DAKİKA
SERVİS: 6
EKİPMAN: 12 İNÇ HOLLANDA FIRINI

İÇİNDEKİLER:
Yulaf ezmesi, 1 su bardağı
½ su bardağı esmer şeker
2 yemek kaşığı bal
2 çay kaşığı tarçın
Elmalı turta dolgusu, 4 kutu
1 çay kaşığı limon suyu
bir tutam küçük hindistan cevizi

TALİMATLAR
Elmalı turta dolgusunu fırında pişirin.
Doldurma üzerine bal ve limon suyu dökün.
Kuru malzemeleri karıştırıp elmaların üzerine yayın.
Yulaf ezmesi altın kahverengi olana kadar 20 dakika pişirin.

BESLENME
kalori. 430; Yağ. 11.44 gr; karbonhidratlar. 79.07 gr; Protein. 4,97 gram

96. Hollandalı Fırın böğürtlenli puding

TOPLAM PİŞİRME SÜRESİ: 45 DAKİKA
SERVİS: 10 - 12
EKİPMAN: 12 İNÇ HOLLANDA FIRINI

İÇİNDEKİLER
Kaynar su, 2 su bardağı
Un, 2 su bardağı
Kabartma tozu, 2 çay kaşığı
Süt, 1 su bardağı
Tereyağı, 1/3 su bardağı
2 su bardağı şeker
Tuz, 1 çay kaşığı
2 su bardağı böğürtlen

TALİMATLAR
Şeker ve tereyağını çırpın.
Un, tuz ve kabartma tozunu birlikte eleyin; daha sonra süt ile birlikte şeker ve tereyağlı kremayı ekleyin.
Her şeyi karıştırın ve bir Hollanda fırınına dökün.
Üzerine böğürtlenleri serpiştirin ve karışımın üzerine sıcak suyu dökün.
Üst altın kahverengi olana kadar yaklaşık 45 dakika 350 derecede pişirin.

BESLENME
250 Kalori, Yağ: 10 gr, Doymuş Yağ: 6 gr, Karbonhidrat: 37 gr, Lif: 2 gr, Şeker: 21 gr, Protein: 1 gr

97. Hollandalı Fırın ananas ters kek

TOPLAM PİŞİRME SÜRESİ: 40 DAKİKA
SERVİS: 10 - 12
EKİPMAN: 12 İNÇ HOLLANDA FIRINI

İÇİNDEKİLER
1 kavanoz maraschino kirazı
Esmer şeker, 1/2 su bardağı
8-ons dilimlenmiş ananas olabilir
yapışmaz sprey
1 paket kek karışımı

TALİMATLAR
Pastayı paketteki talimatlara göre yapın.
Fırının içini PAM'layın ve ananası Hollandalı fırının tabanına
yerleştirin.
Ananas dilimlerinin ortasına kirazları dizin.
Meyvenin üzerine esmer şeker serpilmelidir.
40 dakika üzeri kapalı olarak pişirin.
Hollandalı fırını bir tabağa ters çevirin.

BESLENME
Kalori 188, Protein 4g, Lif2g

98.   Bir Hollanda Fırınında Meyve Ayakkabısı

TOPLAM PİŞİRME SÜRESİ: 40 DAKİKA
SERVİS: 8
EKİPMAN: 12 İNÇ HOLLANDA FIRINI

İÇİNDEKİLER
½ çubuk tereyağı, dilimlenmiş
1 kutu kek karışımı
Şeker
meyve seçimi

TALİMATLAR
Hollandalı fırını hafifçe yağlayın ve 2/3'ünü doğranmış meyve ile doldurun.
Şeker serpin.
Kek karışımını meyveye ekleyin.
Kek karışımına birkaç parça tereyağı koyun.
Yaklaşık 40 dakika pişirin.

BESLENME
kalori. 430; Yağ. 11.44 gr; karbonhidratlar. 79.07 gr; Protein. 4,97 gram

99. Hollandalı Fırın üç çikolatalı kek

TOPLAM PİŞİRME SÜRESİ: 28 DAKİKA
SERVİS: 10 - 12
EKİPMAN: 12 İNÇ HOLLANDA FIRINI

İÇİNDEKİLER
12 ons çikolata parçaları
1 çikolatalı kek karışımı
1 paket çikolatalı puding

TALİMATLAR
Kek karışımını paketin üzerindeki tarife göre hazırlayın.
Puding karışımını ve çikolata parçacıklarını ekleyin ve önceden
ısıtılmış bir Hollanda fırınına yayın.
Yaklaşık 28 dakika pişirin.

BESLENME
512 kalori, 20 gr yağ, 11 gr doymuş yağ, 68 gr karbonhidrat ve 7
gr protein.

100.   Hollandalı Fırın Meyve Gevrek

TOPLAM PİŞİRME SÜRESİ: 40 DAKİKA
SERVİS: 10 - 12
EKİPMAN: 12 İNÇ HOLLANDA FIRINI

İÇİNDEKİLER
MEYVE:
Tarçın, 1 çay kaşığı
1 çay kaşığı limon kabuğu rendesi
1 ½ yemek kaşığı limon suyu
Hindistan cevizi, 1 çay kaşığı
3 pound meyve, doğranmış
KAPSAM KARIŞIMI:
1 çay kaşığı tarçın
1 su bardağı çabuk pişen yulaf
Esmer şeker, 1 su bardağı
½ su bardağı un
1 çubuk tereyağı, eritilmiş
½ çay kaşığı hindistan cevizi

TALİMATLAR
Hollandalı fırını hafifçe yağlayın.
Meyvelerin üzerine tarçın ve hindistan cevizi serpin.
Tereyağını eritip yulaf ezmesi, un ve şekeri ekleyin.
Meyvenin üstünü kaplayın
40 dakika pişirin

BESLENME
kalori. 430; Yağ. 11.44 gr; karbonhidratlar. 79.07 gr; Protein.
4,97 gram

ÇÖZÜM

Bu, tatillerde ve tüm yıl boyunca kolay, lezzetli ve rahatlatıcı, yavaş pişirilen, tek kapta pişirilen yemekler için en iyi yemek kitabıdır.
Eğlence.

9 781835 313008